ドクタードルフィン
松久 正

異次元
奇跡の法則
宇宙レベルの奇跡を叶える方法
The Law of Miracles
Different Dimension Access Method

ナチュラルスピリット

はじめに

世界を変えるために、今こそ奇跡が必要だ！

「一生に一度でいいから、奇跡を体験してみたい」

「人があっと驚くような、奇跡的な出来事が自分の人生に舞い降りてほしい」

「今までこんなにも努力してきたんだから、ご褒美のような奇跡が起きてもいいんじゃないか？」


そんな思いで、あなたはこの本を手にしたのでしょうか。

あるいは、こう思っているかもしれません。

「自分の人生、こんなはずじゃなかった。一発逆転したい。奇跡よ、起きてくれ！」

閉塞感が漂う社会の中で、そう思うのも無理はありません。切なる願いとも言えるそんな思いを抱いているあなたに、心を込めてお伝えしたいことがあります。

すべての人は、「なりたい自分」になる権利と、奇跡を起こす能力を持っています。奇跡が起きる仕組みを知れば、思考と行動が変わり、意識エネルギーの振動数が上がることで、あなたは奇跡を体験し、思い通りの人生にシフトすることができます。

なぜそう言いきれるのかというと、私ほど奇跡を体験している人間はいないと自負しているからです。まず、生まれた直後からこれまでの半生が、奇跡の連続でした。そして今は、医師（高次元医学ドクター）としての使命を果たす中で、奇跡を日々目の当たりにしています。

患者や、私が開催するイベントの参加者に起こる奇跡は、通常、信じられないことばかりです。それに比べたら、私自身が体験した奇跡などたいしたことではない、と思えるほどです。

世界を変えるために、今こそ奇跡が必要だ！

あなたは現時点で、まだ半信半疑かもしれません。しかし、現実世界の仕組みについての真実を知ったら、驚くに違いありません。

本書では、私と患者をはじめとする人々に起こった奇跡についても、具体的にご紹介しています。

これまでの世の中というのは、多くの人がこんなふうに思ってきたはずです。

「夢を叶えるためには、人一倍努力したり、我慢し続けたり、困難に打ち勝つことが必須で、何かを犠牲にしなければならない」

「大変な状況を乗り越えた先に、奇跡と呼べるようなすごいことが起こるのだ」と。

しかし、これはもう、過ぎ去った古い世界のみで通用してきたパターンだと、私は明言します。

実は、すでに、奇跡が簡単に起こる時代に切り替わったのです。望めば、誰もが、自分の思い通りの現実を体験することができるのです。望みさえすれば、これまでの常識を超えた「異次元の奇跡」を体験できるときを迎えているのです！

それなのに、古い常識や観念に囚われている人があまりに多いのは、本当にもったいないことです。

新しい時代に入った今、常識というもの、固定観念としてあるものを、新たに書き換える必要があります。

「いやいや、そんなはずはない。奇跡なんて簡単に起きるわけがないだろう。奇跡は特別な人にしか起こり得ない。自分とは無縁だ」

そう思っている、あなた。

現実は、まさに、あなたの考える通りになっているのではないですか？

「自分は奇跡とは無縁だ、簡単に起きるわけがない」と思っているから、奇跡を体験できないのです。

自分が信じている通りの現実を、人は体験する——。

そのように、意識が現実を創ることは、最新科学である量子物理学の世界で、「意識の法則」として証明されている事実です。要するに、自分の意識が自分の現実を創造しているのです。

「奇跡なんか起きるわけがない」というあなたの意識が、「奇跡とは無縁の平凡な毎日」という現実を創り出しています。

ということは、逆に考えてみてください。

「奇跡は簡単に起きる。それが当たり前」

そのように意識を変えれば、あなたの現実がそうなります。わかりますか？

現在、世界中の人々が、大混乱のほとぼりが冷めない日々を生きています。最近までは、ミクロのウィルスによるパンデミックという不安や恐怖をなかなか手放すことができず、人類はどんどん負のスパイラルに陥っていました。

そうであっても、実は、一人ひとりの意識を変えれば、打開できるのです。

〃世界のエネルギーを上げるためには、まずは、日本のエネルギーを上げる必要がある〃と私は発信しています。

なぜなら、日本は世界の雛形だからです。

日本人の意識振動数が上がれば、オセロの駒が黒から白にパタパタと転じるように、平和で穏やかな世界へと、一気にシフトしていきます。

そんな幸せと喜びと感動を味わえる日常に変えるためにも、「奇跡」が必要です。私は今こそ、奇跡の必要性を声を大にして伝えたいのです。


奇跡とは何なのか？

なぜ、奇跡は起きるのか？

逆に、奇跡が起こらないのはなぜか？

人生で奇跡を起こすためには、どうすればよいのか？


その先にある究極の目的というのは、すべての人々が穏やかに幸福に生きる平和な世界を実現することであり、人類と地球の進化・成長に貢献することです。

すべての生命を生み出し、育み続けてくれている地球と、あらゆるサポートをしてくれる宇宙と、人類が調和するためには、一人ひとりの意識が大きな鍵であることを、ぜひ多くの人に知ってほしいのです。

あなたは、決して、ちっぽけな存在ではないということ。

もともと素晴らしい能力と可能性を秘めていることに気づいて、自らの意志でそれを活かしてほしいのです。

そのことを伝えずにはいられなくて、こうして発信し、活動をしています。


本書では、奇跡が起きる仕組みを、高次元科学の視座とスケール（物差し）によって、わかりやすく解説していきます。それを、私は、「異次元 奇跡の法則」と呼んでいます。

この法則は、私自身の経験から見出したものです。

飛び抜けて高い振動数（波動）とエネルギー状態を生きてきた私は、奇跡が起こる仕組みを紐解くことができました。

奇跡を起こすために不可欠な要素として、

◉現実のとらえ方

◉自分自身の意識と思考の扱い方

があります。

このことを、本書の中で切り口を変えながら、何度も何度も徹底的にご説明していきます。

たとえば、有名な自己啓発系の書にある現実創造の方法については、今まで、さまざまな人が発信し、多くの人に影響を与えてきました。

D・カーネギーの『人を動かす』、ナポレオン・ヒルの『思考は現実化する』、ジェームズ・アレンの『原因と結果の法則』など、あなたもご存じではないでしょうか？

しかし、そのような自己啓発のメソッドなどとは一線を画すのが、この本でお伝えする新しい視点の「現実創造の法則」です。

しっかり身に付けることで、あなたにとっての幸せと喜びと感動を、それまでとは比べ

世界を変えるために、今こそ奇跡が必要だ！

物にならないくらい、楽にスピーディーに体験することができるようになるでしょう。

この本を読み終わったとき、あなたは奇跡というツールを使って、現実世界に、喜びあふれるプラスの変化を起こせるようになります。

この法則を習得したあなたは、周囲の人にも社会にも、ポジティブな影響を与えていく「奇跡の人」になります。

さあ、自分の本当の価値に気づき、自らのエネルギーを高め、最高に幸せな人生を歩みましょう。喜びの人生を味わい尽くすのです。

そうなることを願って、幸せに満ちた奇跡を起こすための最短ルートをご案内しましょう。

ドクタードルフィン　松久正

目次

第1章

第2章

第3章

第4章

第5章

第6章

第9章

奇跡を阻む「集合意識」と「身近なリスク」 219

Q&A

序章

救世ドクターとしての私自身の奇跡の歩み

唯一無二の高次元医学が叶える喜び体験

私は２００９年に、「鎌倉ドクタードルフィン診療所」を開院しました。それ以来、北は北海道から南は九州や沖縄、さらに海外からも、患者さんがひっきりなしにやってきます。

現代医学ではお手上げとされた難病で、あらゆる治療や心のケアをやり尽くし、最後の頼みの綱で訪れる人も少なくありません。

今の社会では救われない問題をもつ人々も、私の診療所や、私が開催するイベント等にやってきます。

多くの人は、来院時やイベント参加時には半信半疑だったにもかかわらず、期待した以上の成果に驚きます。

喜びの笑顔を見せる人、感動の涙を流す人、感謝を何度も口にする人など、さまざまな人の姿があり、診療所やイベント会場の空間は、毎日高いエネルギーに満ち満ちています。

その中で、誰もが驚くような結果を出しているのが、私のオリジナルの「高次元医学」と「現実創造のための教え」なのです。

それにより、奇跡が起きているケースをあげてみましょう。

＊

●他の医者に余命宣告をされた人のがんが消えた。

●生まれつき、足の障害で歩くこともままならなかった子どもが、普通に歩けるようになった。

●重度の発達障害の子どもが、普通学級で学べるようになった。

●倒産寸前の会社が、逆転飛躍した。

●長年、音信不通だった親子が、心を通わせあえた。

●お金回りが一気に良くなった。

など、印象的な事例が山ほどあります。

なぜそのようなことが起こるのか、きっと、不思議に思われることでしょう。

＊

しかし、私にとって奇跡的なことが起きるのは、何ら不思議なことではなく、そもそも、私自身、奇跡を何度も体験する人生を歩んできました。

改めて振り返ると、これまでの私の人生には、いくつもの奇跡が起きていたことを実感しています。それらが人生のターニングポイントになり、私をここまで導いてきました。

まずは、私自身の人生に起きた「6つの奇跡」をご紹介しましょう。

《1つ目の奇跡》

誕生後に余命10日と宣告されるも、死の淵から生還

私は、生まれてすぐに、奇跡を体験しました。

超未熟児で生まれた私は非常に弱々しく、生命力は風前の灯でした。とりあげた産婦人科の医師は、「持って、余命10日です」と両親に告げたそうです。

通常は、そのまま死んでしまうような絶望的な状態でしたが、私の場合は違いました。自分が真っ暗な中で死にかけているのがわかり、「生きよう!」と決めたのです。その切なる思いと、両親や周りの人たちの祈りの力が働いたのでしょう。私は、みるみるうちに元気になっていきました。医師の余命宣告を覆す、奇跡の生還を遂げたのです。

この地球に誕生するにあたり、「超未熟児として生まれること」「自らの意志で生きる選択をして、奇跡の生還を遂げること」を、私は人生のシナリオの中に設定していたわけです。

それ以降の人生で、自分のミッションにだんだん気づいていきました。

それは、自分の実体験を通して、この世に奇跡というべき力が存在することや、その力が人生を幸せへと導くことを、世の中に広く伝えることです。

ですから、超未熟児だったにもかかわらず、命を救われたのです。それが奇跡の人生のスタートでした。

《2つ目の奇跡》

幼少期に社会常識に疑問を抱き、天命に目覚める

幼少期の私は、非常に繊細な子どもでした。周囲の大人たちの顔色を伺ったり、友人の気持ちばかり考えてしまい、自分の気持ちに素直に生きることができなかったのです。

しかし、そんな自分を打ち破るため、自分への戦いに挑みました。その挑戦とは、繊細な自分を見せないよう、わざと馬鹿なまねをして笑いをとり、おかしなやつと思わせ、自分の中でバランスを取るというものでした。

でも、そのような繊細さは、一方で、他者を観察する力や世の中を洞察する力を養ってくれました。それが、今の仕事に活きています。

父が柔道整復師・鍼灸師だったこともあり、小学校低学年の頃には、「医者になろう」と思っていました。それが自分の使命を成し遂げるのに最適な職業だと、直感的にわかっていたのです。自分には、この地球で果たすべき使命があるのだと……。

しかし、私は、その頃から世の中に対し、疑問を抱いていました。

「なぜ、人間は、制約の中で生きなければならないのか?」「なぜ、人間は、本当の自分を生きていないのか?」と。

常識や固定観念に縛られる生き方や社会の仕組みに納得がいかず、「この世界は、真に進化した世界ではない」と思っていました。

中学に上がっても相変わらず周囲を笑わせ、人気者でしたが、些細なことで心が傷つき、孤立していた時期もあります。一時期は、不登校にもなりました。でも、そのおかげで、十代の早い時期から、客観的に自分を見つめることができました。

この状態から脱出したのは、自分にとっての奇跡となりました。

中学と高校で、柔道に励んだことも大きな収穫でした。武道の精神を身に付け、強い意志とブレない自分を確立できたからです。

《3つ目の奇跡》

思考の現実化の仕組みを知り、超難関の医学部に合格

高校時代は国立大学の医学部入学を目指したものの、勉強不足で受験は不合格。浪人を

選択をしたことが、ターニングポイントになりました。

「医学部なんか受かるわけがない！」と大反対の両親を説得し、地元の三重県から上京して駿台予備校へ。

医学部専門コースに通いながら、「何が何でも時代を変える医師になる」と固く決意し、脇目も振らずひたすら猛勉強の日々でした。

そのかいあって、1年足らずで偏差値を25以上もアップ（偏差値87）させ、東京大学医学部と並ぶ難関とされる、慶應義塾大学医学部に合格できたのです。

私の家族や親族に、医師は一人もいませんでした。そんな中、競争率42倍を突破して合格したことは、「絶対に無理だ」と言っていた彼らを仰天させた快挙だったのです。

この快挙に結びついたのが、「自己実現」に取り組んだことにあります。

当時の私は、自己啓発の書で有名なマーフィーやナポレオン・ヒルの本を読んでいました。共通して書かれていたのは、「思考は現実化する」ということ。そこで、壁に、『慶應義塾大学医学部合格』と書いた紙を貼り、毎晩手を合わせて祈っていたのです。

すでに受かった自分になりきって、毎晩、「ありがとうございます」と感謝し、今から思えば、「自分が合格しているパラレル宇宙」に存在し続けていました。

《4つ目の奇跡》
米国カイロプラクティックの最高峰を成績最上位で卒業

医学部学生の頃には、「医師になって世界を変えたい」と本気で思っていました。そして、卒業後は、実家の事情で地元の三重大学の整形外科医局に入りました。

それ以来、さまざまなケースの手術に携わりながら、「使命を果たすために何が必要なのか」と自問自答する日々でした。遺伝子研究にも取り組みましたが、「人間を物理的に整えるだけではダメだ」と、次第に思い始めたのです。

そんな折、現代医学で対処できない症例が、カイロプラクティックで改善するケースがあると知り、アメリカの大学に留学して本格的に学ぶことを決意しました。34歳の時のことです。

教授や周囲の反対を押し切り、整形外科医として10年のキャリアをいったん捨て、医師人生をかけて未知の世界へ飛び込んだのです。

渡米後は、カイロプラクティック専門大学で、慣れない英語に苦労しながら必死に勉強しました。そのかいあって、留学生ではあり得ない成績最上位で卒業できたのです。

米国でのドクター国家資格を取得した私は、厳しいドクターと環境のもと、カイロプラクティックの最高峰とされる「ガンステッド・カイロプラクティック」で、ハイレベルの技術を習得しました。

多くの患者を診療して技術を極めるまで、ひたすら努力と我慢を重ねた日々でしたが、私の魂は常に喜びに満ちていました。それがあったからこそ、苦労もいとわず、楽しみながらやり遂げられたのです。

そのような日々を送る中、私は、魂が決めてきた自らの使命を確信しました。

「地球人の進化・成長に貢献する」「人々が健康で幸福な人生を送れるようサポートする」

ということを――。

《5つ目の奇跡》

第三の目が開いた覚醒体験と父の死による帰国

生まれた直後に命を救われたことから、私は、人間が持つ可能性というものを直感的にわかっていました。

「人間は、本当はすごい奇跡が起こせるんだ」と。

新たな医学を学ぶために、アメリカで最高レベルのカイロプラクティックを極めたのも、

「最先端の科学や医学の知識の中には、自分が求めるものがない」と気づいたからです。

そんな中で、量子力学やスピリチュアルの情報に出会い、自己探求が始まりました。そして、導かれるように訪れたのが、地球のボルテックス（渦巻き状の強力な磁場が存在する場所）として有名な、スーパーパワースポットのセドナでした。

その地へ頻繁に足を運ぶようになり、日常的に瞑想に取り組むようになり、チャクラが活性化していったのでしょう。自分の意識振動数が上がるにつれ、必要な知識や情報が、インスピレーションとしてやってくるようになったのです。

ある日、セドナでホピ族インディアンの貴重な儀式に参加後、自宅に戻ってから不思議なことが起こりました。

＊＊＊

私は、10センチほどの「金色の観音像」を枕元に置き、毎日手を合わせて大事にしていました。

セドナから戻った翌朝、目が覚める前のまどろみ状態で、その観音像が倒れているビジョンが見えたのです。「これは大変だ！」と思い、ビジョンの中で、倒れた観音像をすぐさま起こしました。

その瞬間、「第三の目」と呼ばれる松果体がある脳の中心に、銃で撃たれたような衝撃を受けたのです。私は、「ついに来た！」と叫んでいました。それはいわゆる〝第三の目が開く覚醒体験〟であり、松果体のポータルが開いて宇宙の叡智と繋がった瞬間だったのです。

私の体はベッドの上で、30センチほど後方に突き飛ばされました。それが夢や幻ではない証拠に、受けた衝撃のせいでムチウチになり、1週間ほど首が動かせず、頸椎カラーを巻いていたのです。

＊＊＊

それ以来、自分の意識振動数が一気に上昇したことで、より必要なサポートがもたらされるようになりました。シンクロニシティ（必要なことが同時に起きること）が頻繁に起き、人との出会いや意味ある出来事が増えたのです。

何より大きな自分革新となったのは、高次元エネルギーを扱えるようになったことです。あのときの衝撃的な体験が原点となり、松果体に多次元パラレルへのポータルがあると知り、独自の医学に到達し、奇跡が起こる仕組みを解明できたのです。

つまり、自分の振動数を上げ続けることで奇跡の人生を創造していくことを、自分自身が体験し、立証していたわけです。

アメリカで丸10年の修行を終えたことを告げるように、父の死期間近の知らせを受けた私は、急遽、日本に帰国することになりました。帰国した日は父の葬儀で、死に目にあうことは叶いませんでした。

父は、向こうに残るつもりでいた私を、自らの命の最期に呼び戻す役目を果たしてくれたのでしょう。それがなければ、今こうして日本で活動する自分はいません。

人生を振り返れば、〝あのとき、あの選択をして、あの経験ができたから、今の自分がある〟と言えることばかりです。貴重な経験のすべてが、奇跡だったと思えます。

《6つ目の奇跡》

奇跡の開業と患者に奇跡を起こす「高次元医学」

日本に戻ってからは、2009年に鎌倉で診療所をスタートさせました。国内ではまだ知れわたっていない「ガンステッド・カイロプラクティック」のトップリーダーとして、診療を行うことにしたのです。

オープン当初、帰国したばかりの私は、まったくの無名だったにもかかわらず、開業2年目で、新規予約が数年（最長で6年半）待ちになりました。医療機関から相手にされず途方にくれた人たちが、全国から噂を聞きつけ、救いを求めてきたのです。

その頃は、正直なところ、自分の診療に100%自信を持っていたわけではなく、まだ研究の途上でした。しかし、患者に対して全身全霊を込めて診療することで、新しい医学への理解が深まりました。

そもそも私は、人間の魂をも救っていくためには、宇宙の叡智や古代の叡智を含むスピリチュアリティや、量子力学や脳科学の探求が必要不可欠と感じていました。

それらを取り入れた診療を行う中、難しい症例に出会い、問題をクリアするたびに深い気づきと学びがありました。

そのように、技術的な精度が上がり、オリジナルの医学がどんどん進化していったのです。

当時は、奇跡のレベルも、現在と比較すると低かったように思いますが、今では、自分ほど、人間をエネルギー的にも物質的にも深いレベルから診ているドクターはいないと自負しています。

母親のお腹にいる胎児、新生児、乳幼児、子ども、青年、年配者、死を迎える一歩手前の方まで、診ています。病気に関しても、がんの進行中や末期、先天性の病気、一般の医学でお手上げの難病といった、数々の事例なども。

もちろん、魂や心の問題も、数多く扱っています。

例えば、がんであっても、いろいろなケースを診ています。

●腫瘍が全身に広がって「打つ手がない」と言われた人でも、私が診療したことでがんが消えて、次の検査では腫瘍マーカーが急に正常値になることは珍しくありません。

●検査（CT、MRIなど）では病巣が広がっているのが確認されたのに、私の診療によって奇跡が起こり、数カ月後の検査では病巣が小さくなっていたり、消えていた人が何人もいます。

●たとえ、病巣が縮小しなくても、結果的に、がんに感謝して穏やかに最期を迎えます。

世間一般では信じられないことが、ここではたびたび起きているのです。

最近では、うつ病、統合失調症といった心の病気や、自閉症や発達障害などの子どもも、数多く診療しています。健康面のことだけでなく、「松果体を活性化させたい」「自分の使命を知りたい」「宇宙と繋がりたい」という方たちも、多数来院します。

私の診療により、生きがいや使命に気づいたり、生きる喜びや感動を得たりするようになります。

2015年頃から、私自身の能力が大きく進化しました。それにより、難病の患者に奇跡が続々と起こるようになっています。

それまで、他院では何ら変化のなかった彼らが、私が行う「高次元診療（高次元エネルギー医学）」を受けて、症状や病気、悩みや困難も、みるみるうちに改善していきました。

現在の私の診療は、ほとんど手を触れずに行うスタイルで、一人あたり2〜3分ほどで終わります。何をしているのかというと、身体のエネルギーの流れを良くしたうえで、宇宙の叡智である高次元エネルギーで松果体を活性化させるとともに、その人の身体と意識のエネルギーを調整し、「高次元DNA」の情報を書き換えているのです。

これにより、本人の意識エネルギーを上げ、現実を好転させる「パラレルシフト」をサポートしています。

コラム

常識を超えた結果を出す「高次元エネルギー医学」について

独自の研鑽を積んでたどり着いたのが、超次元・超時空間とも言える「高次元エネルギー医学」です。

これは、次の2つの医学を指しています。

●超次元・超時空間松果体覚醒医学（SD－PAM）

●超次元・超時空間DNAオペレーション医学（SD－DOM）

超高次元宇宙エネルギーによって、身体と人生のあらゆる問題に対応できます。

その方が本来あるべきベストな状態になるために、高次元の宇宙エネルギーと繋がるよう、身体レベル、感情レベル、魂レベルまで、すべてのエネルギーフィールドに、一瞬で調整をしていきます。

深い領域の目に見えない高次元DNAレベルにまでアプローチし、その情報を書き換えます。それは一瞬に行われるので、一般的な医療しか知らない人、目に見えない世界を信じない人には、まるでマジックのように感じられるでしょう。

常識を超えているので、「あり得ない」と否定しようとする人もいます。そういう人は、残念ながら、奇跡的な体験は期待できません。

人生と身体に奇跡が起きるのは、私の力ではなく、皆さんの中にある無限の力によってです。どんなことにも好奇心旺盛で、柔軟な感性の人のほうが、奇跡を起こす確率が、はるかに高いのです。

第1章

奇跡を起こす基本は「パラレルシフト」にあり

キーワード

ぷある

・

宇宙レベルの奇跡

・

風の時代

「ガチる」を「ぷある」に変換し、ミラクル自由人に進化せよ

コロナパンデミックによって、世界は一変してしまいました。ウィルスが出現した当初に私が予想した今後の世界よりも、困難な現実を送っている人が大勢います。

残念ながら、そのような現実を人類の集合意識が選択しているために、これだけ長い間、不自由な日々を過ごすことを強いられてきたのです。

不安と恐怖のフィルターを通して世の中を見ている人は、ますます自分の中の不安と恐怖を膨らませ、その意識が創り出す現実を体験することになります。何をしても心が安らぐことはなく、どこまで行っても光が見えないどころか、地獄絵のような世界を、〝定まった未来〟として見てしまうでしょう。

世の中がこれほどまでにおかしな状況になったのは、一人ひとりが生きる力を失ってし

まっていることや、意識エネルギーが低下し続けていることが関係しています。

多くの人々が、意識エネルギー低下に陥っていて、何が本来の自分で、何がそうでないか、よくわかっていない状態なのです。これは、物事を常識的にしか考えられないからです。

願いを叶えたい人はもとより、頭がガチガチの堅物で、「奇跡など起こるわけがない」と思っている人にこそ、この本でお伝えする「多次元パラレルの奇跡体験」が必要です。

そのような常識人間でガチガチの状態を、私は、「ガチる」と表現しています。「ガチる」人ほど、次のような傾向にあります。

「ガチる」系の人

- 常に世間からどう見られるかを気にして、自分を押し殺している。
- 自分の考えに凝り固まり、真面目で融通が利かない。
- 自由な発想に乏しく、柔軟性に欠けている。

その反対の状態を、私は、「ぷあぷあ」（楽で愉しい状態）という言葉から、「ぷある」と表現しています。

「ぷある」系の人

- どんなときも好奇心旺盛で、自分の思いのままに素直に行動できる。
- 柔軟性があり、大らかでユニーク、そして、どんなことも中立に受け入れられる。
- 自分の可能性を制限するような思い込みを持たない。

あなたは、自分はどちらのタイプだと思いますか？

ガチガチ頭だと自覚している人は、気持ちを楽にして、考え方を「ぷあぷあ」にやわらげてください。「ガチる」を「ぷある」に変換するのです。

そうでないと、私がどれだけ言葉を尽くして説明しても、あなたの「魂意識」に入っていきません。受け入れられないとなると、ミラクルが起きるためのスタートラインに立てないことになります。

そのスタートラインは、常識と固定観念を超えたところにあるので、ガチガチ頭の常識人間という在り方を180度切り替えなければ、新しい景色は見えてきません。

- 自分は子どもの頃から優等生で、常に成績は上位だった。
- 親や先生から常に高く評価され、その期待に応えてきた。
- 周囲の人よりもはるかに優秀で、常に多くの人々に信頼され、尊敬されている。
- 一般常識という守るべき社会ルールの中で、スマートに生きている。

このような自覚がある人こそ、私に言わせれば、問題児です。

プライドの高さから、いつも、自分の正しさに固執し、他者の意見を受け入れられず、柔軟性に欠けるのなら、なおさらです。

ずばり、言います。

「ガチる」人に奇跡は起きません。

自分のことは、よく見えないものです。わかっているようで、一番わかっていないのが、自分です。「自分は堅物ではない」と思っている人ほど、そうだったりするものです。

どうか、客観的な視点を持って、自分を見るようにしてください。そして、「ぷあぷあ人間」として生き、「ミラクル自由人」に進化するという可能性に心を開いてください。

コラム

「奇跡」の意味を再認識して役立たない洗脳を解く

そもそも、「奇跡」とは、いったいどういうものなのか、まずは、基本的なことをご説明しましょう。一般的な辞書には、2つのとらえ方が書かれています。

定義1　常識で考えては起こりえない、不思議な出来事・現象

定義2　キリスト教など、宗教で、神の超自然的な働きによって起こる不思議な現象

ほとんどの方は、このような表現に納得されることでしょう。さらに理解が深まるよう、1と2、それぞれについて、私の視点からご説明します。

定義1

奇跡とは、常識で考えては起こりえない不思議な出来事・現象

⇦ということは、世の中の常識を軸に生きている人には、奇跡は起こりません。

辞書では、常識的な考えの外側にあるのが奇跡だとしています。つまり、それまでの常識を超えるという、自分が信じてきた物事の枠を飛び越えるチャレンジをしなければ、奇跡が起きることはありません。

「奇跡が起きてほしい」と言いながら、いたって常識的に生きているのであれば、その望みは叶わないと言わざるを得ないでしょう。

今の世の中を見回すと、不安と恐怖にとらわれて、感情や思考が抑圧されている人がほとんどです。本当の自分を見失い、物事の真偽を考えることもできず、他人の意見に左右される「古い常識人間」ばかりです。

その人たちは、自分の身に奇跡が起きるなんて、これっぽっちも思えません。大多数の人は、「奇跡が起きてほしい」と言いながら、その言葉とは裏腹に、「奇跡なんて起きるわけがない」と思い込んでいるのです。

意見の違いを受け入れ、個人の自由を重んじる欧米人と比べ、日本人は、国や政府、権威ある人の指示を順守する傾向が強く、それが自分の意に沿わないことだとしても、辛抱強く自分を抑え、言われたことに素直に従います。

〝みんなと一緒が当たり前〟という意識が強く、自分で考えることをせずに人の意見に流される、典型的な「古い常識人間」が圧倒的多数です。

私の知る限り、常識的な人ほど、感性が低いと言わざるを得ません。自分の直感に従って物事に向き合うことをせず、世の中の常識を軸に生きている人に、奇跡は起こらないのです。

私は医師でかつ救世者ですが、「人間が本来あるべき姿で輝いて生きるためには、現代医学の大部分と社会ルールの大部分は必要ない」と思っています。「医者や専門家の言うことを聞いていれば身体は良くなる」「薬やワクチンが助けてくれる」「権威ある人の言うことには従っておいたほうがいい」などという思い込みや固定観念、社会の常識を壊していかなければ、この世界は救われないと危機感を抱いているのです。

定義 2

奇跡とは、神の超自然的な働きによって起こる不思議な現象

ということは、「目に見えないエネルギー」を否定する人は、現実世界を動かしづらくなります。

これに同意する人というのは、奇跡は神が起こすものだと考えています。つま

り、「自分は人間だから、自分の力で奇跡は起こせない」と考えています。

今の時代、果たしてどれだけの人が、神の存在を心底信じているでしょうか？

パワースポットブームの今、御朱印やらご利益やらを求めて、全国各地の神社参拝をする人が増えています。でも、そこにおられる神様のことを理解しているわけではなく、その場のエネルギーを感じているわけでもなく、形だけの神頼みの人がほとんどだと思います。

つまり、神社参拝というイベントを楽しんでいるだけで、心の中では、「祈ったところで、どうせ奇跡は起こりっこない」と思っていることでしょう。そういう人は、「何か起こったらラッキー」という、他力本願志向です。

神とは、目に見えない力であり、科学ではとらえられない宇宙の叡智とも言えますが、「目に見えないもの」という表現をすると、「オカルトだ」「うさんくさい」などと拒否反応を示す人がいます。

それは、大きな誤解です。そういう人は、いまだに古い常識にとらわれて時代錯誤もいいところで、進歩がないと言わざるを得ません。

近年、量子物理学の研究が進んだおかげで、目に見えないエネルギーや意識の作用について、だいぶ明らかになってきました。

最先端とも言える研究から見ても、私たちの生活は目に見えないものに支えられています。通信システムにしても、金融システムにしても、世界中がネットワークで繋がっているおかげで、便利さや時間の短縮という恩恵を得ています。

それを、オカルトだと思う人はいないでしょう。

誰もが日常生活で関わる人々と、目に見えないエネルギーで互いに共鳴し合い、あらゆる物質や環境からの影響を受けながら生きているのです。

現代社会において、霊的能力やスピリチュアルなエネルギーは、長年、「怪しいものだ」とか「うさんくさい」と言われ続けてきました。裏を返すと、実は、それは、非常に重要で価値があるがゆえに、徹底した情報操作で一般の人々に隠されてきたと言えます。

目に見えない高次元エネルギーこそ、この世を創っている宇宙法則であり、とてつもないパワーがあるために、一部の社会的なリーダーが独占して利用してきたのです。

歴史上に名を残した王朝や国のトップ層、英雄や戦国武将たちは、高次元エネルギーや宇宙法則を通して、誰も知らない叡智を手にし、敵との戦いに勝利して、国や民衆を守ってきました。

目に見える現実世界を動かし、目的を成し遂げるためには、神や宇宙の力を得て、目に見えない世界を味方につけることが、何より重要だとわかっていたのです。

もちろん現代においても、成功しているトップリーダーや世の中を動かす人物たちは、見えないエネルギーを、大いに利用しています。

「風の時代」の到来が意味する、自由で軽やかな生き方

時代の大きな切り替わりに伴い、今まで隠されていたものが表面化して、誰でも真実を知ることができるようになってきました。

ご存知かもしれませんが、これまでの世の中では、真実を表に出そうとした人々は、命を奪われてきました。そんな闇の勢力も、今では力を失い、光に融合されようとしているのが私にはわかります。

人生を豊かにするための宇宙の叡智も、望めば誰もが活かせるときを迎えています。それを知ろうとしないなんて、もったいないことです。

「風の時代」というフレーズを、どこかで見聞きしたことがあるでしょうか？

これは、占星術の分野で古くから伝えられている、宇宙の叡智に基づく概念です。

銀河系内の太陽系の一部である地球は、宇宙秩序に基づいて運行するさまざまな天体のエネルギー的な作用を常に受け続けています。その大いなる宇宙のサイクルにおいて、2020年末、地球はそれまで200年間続いていた「地の時代」から「風の時代」へと切り替わりました。

これにより、「風の時代」というフレーズと情報が、特にスピリチュアルなジャンルで発信されています。

この切り替わりの余波は当分続くため、過渡期にあたる現在、嵐の中を通過中です。そのため、社会レベルでも個人の意識レベルでも、あらゆる変化が起こっています。地球は「宇宙規模のターニングポイント」を迎えたことに間違いはなく、今までとはまったく違う常識に基づいた社会に変わりつつあるのです。

…—…—…—…—…—…—…—…

◉「土」は目に見えるけれど、「風」は目に見えない。

◉「土」は決まった場所にとどまるしかないけれど、「風」は自由自在にどこへでも行くこ

とができる。

この違い、わかりますか？　より自由で軽やかな方向へと向かうのが、今の時代の自然な流れなのです。

固定観念を捨て去って運命好転の波に乗る

このことを知らず、あるいは無視して、古い常識や固定観念にとらわれていると、変化の波に乗り遅れてしまいます。それでは、新たな時代を生き抜くことはできません。

今この瞬間に、常識や固定観念などといった古い考え方を捨て去ってください。

その代わりに、あなたが早急に取り組むべきなのが、「目に見えない世界やエネルギーの性質を学ぶこと」です。

なぜなら、目に見えないエネルギーを意図的に扱えるようになると、目に見える世界に自分が望むような現実を創造できるからです。

時代はすでに分岐点を超え、人類は大きな変化の真っただ中にいます。自分の意識次第で人生に奇跡を起こせる時代に、ますますなります。これは何も特別なことではなく、もともと人間にはそのような力が備わっているため、眠っているスイッチをオンにすればいいだけなのです。

コラム

真に幸せに生きるために知っておきたい「3つのレベル」の奇跡

ほとんどの人は、「自分には奇跡なんかほど遠い、自分の人生に奇跡など起きるわけがない」と思っています。そういう人が、全体の99・999パーセントです。

わずか0・001パーセントの人が、高いレベルの奇跡が本当に起きることを知っています。ですから、ほとんどの人が体験する奇跡というのは、実はたいしたことがありません。私に言わせれば、「ローレベル（地球レベル）の奇跡」です。

奇跡とひとことで言っても、私から見て大まかに3つのレベルがあります。

地球レベルの奇跡／**ローレベル**
中間レベルの奇跡／**ミドルレベル**
宇宙レベルの奇跡／**ハイレベル**

このことについて、ご説明します。

地球レベルの奇跡／**ローレベル**

誰よりも努力をして、綿密に準備をした人が、ようやく実現する奇跡。言ってみれば、風の時代の手前にあった「地の時代」の奇跡。それが、今までの社会では当たり前でした。今までは、ゼロの状態から何かをプラスしていかなければ、奇跡にたどり着けない時代でした。

そのようなタイプの奇跡は、いわば「地球レベルの奇跡」です。奇跡とは、「常識で考えては起こり得ない不思議な出来事・現象」であり（＊48ページ参照）、それには、こういう考え方が当たり前だったのです。

- **1からコツコツと積み上げて、100へと到達しなければ、奇跡は起きない。**
- **人より頑張って、我慢をして、一生懸命に努力をして、それ相応の準備をすることが大**

前提。

●身体的にも精神的にも自分を強化して、知識や情報もたくさん吸収し、さらに社会的評価と経済的価値も高めないと、奇跡は起きない。

●失敗しても頑張り続けた人や苦悩を乗り越えた人が、最後にようやく奇跡を体験し、喜びと感動を味わえる。

●コツコツと努力を続けていくには、高いモチベーションと意志の強さ、継続力や根気強さが不可欠。

相当な覚悟も必要となると、「自分はそこまで頑張れない」「達成するための能力も知恵もない」「やり続けるためのお金もない」などと言い訳が先にきます。

そのため、行動する前から、「奇跡を起こせる状態までの準備ができない」「自分には奇跡なんてとうてい無理」ということになるのです。

では、自分でかなり頑張って、条件としての準備が整えば、奇跡が起こるのかというと、そうとも限りません。

そこには、さらに、人脈だったり、運気だったり、ラッキーな巡り合わせという、目には見えない力の働きも関係してきます。ですから、「奇跡はめったに起こるものじゃない」と多くの人が信じ、それが、集合意識にも影響を及ぼしていたのです。

これまでの「地球レベルの奇跡」がそうでした。

つまり、三次元の人間社会における集合意識によって、「もともと存在していないものが出現することは奇跡だ」という定義が、奇跡の実現を阻んでいたのです。

しかし、もう、集合意識に含まれたそのような考え方は、通用しなくなっていきます。すでに、前段階の準備も努力も必要なく、すんなりと奇跡が起きる風の時代に入っているからです。

中間レベルの奇跡／**ミドルレベル**

「地球レベル」以上「宇宙レベル」未満の状態の奇跡。

宇宙レベルの奇跡／**ハイレベル**

私がこの本でお伝えする、まったく概念が違う奇跡。

地の時代から風の時代に切り替わり、「あなた自身が想定できない奇跡」であり、多くの人が、「まさか起きるわけがないだろう」と思っていることが、簡単に起きるという奇跡です。

「想定したことのないレベルの体験」になるのは、集合意識が想定する世界を飛び越えたものになります。

「努力や我慢や頑張り」といったものも、「運」ということも一切必要なく、自分の魂意識エネルギーを上げることで、軽々と起こります。なぜなら、高次元の法則にもとづく奇跡だからです。

今は、「あり得ない」と驚くような、人生を大きく変えるハイレベルの奇跡が、私の周りでたくさん起きています。

「宇宙レベルの奇跡」の特徴として、本人としては、奇跡が起きたことに気づかないほど当たり前に感じるかもしれません。

あなたは、自分に奇跡が起きたら、どのような反応をするでしょうか？

「やった～！」と大興奮して、飛び上がって喜ぶでしょうか？ あるいは、「現実が変わった！」としみじみ感動を味わうでしょうか？

実は、宇宙レベルの奇跡の場合、そのような反応にはなりません。

そもそも、「奇跡が起きている状態の自分が、自然で当たり前」、という感覚で過ごすからです。奇跡が起きたとは思わず、「以前から自分はこの状態だし……」ととらえるわけです。

それくらい自然に、いつの間にか奇跡が起きているという状態が、「宇宙レベルの奇跡」の特徴です。

奇跡が起きたことを当然のごとく受け入れて、自分では奇跡が起きたとは思わない。すべてを受け入れ、自分も周囲も、「それが当たり前」だと思います。これが、ポイントです。

奇跡が起きることを望んだはずが、奇跡が起きたことに気づかないほど、「自然にそうなっている」ということなのです。

ときに、昔の自分を思い出して、「そういえば、昔こうだったな。今はこんなに幸せになっている」と気づき、「あれ？ まるで生まれ変わったようだな」と思ったりするかもしれません。

逆に言うと、奇跡が起こったことを自覚できるようでは、宇宙レベルの奇跡とは言えないのです。

宇宙レベルの奇跡を起こすためには脳を使いすぎない

あなたの意識が、あなたの現実を創り出しています。かつての「思考は現実化する」の時代から、いまや、「意識は現実化する」という時代になりました。

自分ではコントロールできない、脳ではとらえられない無意識領域にある考えや価値観を生むのが、「魂意識」（＊89ページ参照）です。それは脳にとって、「自分が現実を創り上げている」という自覚をもたらしません。

それとは対照的に、普段、あなたが意識的にアクセスしているのは、脳による「思考」や「感情」「イメージ」の世界です。

例えば、このような思いのことです。

◉学生なら／「もう少し勉強すれば、学年100位以内に入れるだろう。でも、20位以内は無理だよな」
◉サラリーマンなら／「今の職場じゃ、大して出世できないだろう」
◉もうすぐ定年を迎える人なら／「これといって趣味もないし、老後の暮らしは退屈だろう」

大して冒険することもなく、安心安全な枠の中で生きてきた人は変化を嫌うので、この先もそれまでの延長で、似たような人生が展開していくことになります。

つまり、「自分の能力はこの程度だ」「自分の人生こんなもんだ」と、最初からあきらめている人は、その意識レベルのパラレル宇宙（パラレル宇宙については後述）にしか、アクセスできません。

それは、「ローレベルの奇跡＝地球レベルの奇跡」しか体験できないことを意味します。

そこを超えて行こう、もっとハイレベルの奇跡を体験しよう、というのが、私からの提案です。

第2章

「理想の自分」へとパラレルシフトする

キーワード

多次元パラレル
・
量子力学
・
魂意識の振動数

多次元にはたくさんの自分がいる

私は、この現実世界を、「中心次元の自分宇宙」と表現し、それ以外の無限数のパラレル宇宙を、「多次元パラレル宇宙」、または、単純に、「多次元パラレル」と表現しています。

◉「この現実世界」の振動数を基準として、より高いものを高次元、より低いものを低次元とみなします。

◉「この現実世界」とは異なる時間や空間のパラレルは、異次元となります。

◉高次元・低次元・異次元すべてを包括しているのが、多次元です。

高次元からの観点で表現すると、「宇宙レベルの奇跡」は次のような定義になります。

「宇宙レベルの奇跡とは、すでに存在している別の自分である」

もう少し説明すると、「宇宙レベルの奇跡とは、すでに存在している多次元パラレル自分宇宙の中にいる自分、もしくは事象」ということになります。

もし、あなたが、多次元にあるパラレルワールドについて、ファンタジーやSFの中だけの話だと思っているとしたら、あなたには、永遠に、「宇宙レベルの奇跡」は起きないでしょう。

パラレル宇宙は、量子力学を研究する学者たちが、その謎を解明しようと活発に議論を繰り広げている、最先端の科学分野です。

近年、学者たちによる研究や解明が進んだことで、具体的にわかってきたのが、高次元の多次元宇宙の仕組みであり、目に見えない世界と目に見える物質世界の成り立ちです。

今この瞬間、あなたが存在している「今ここの現実世界」と並行して、目に見えない、無数のパラレル世界が存在しているという真実があります。

パラレルの多次元宇宙は、この現実宇宙の時間軸と空間枠とは、異なる仕組みになっています。その無数のパラレル宇宙に、「今この瞬間、この場所にいる自分とは人生のシナリオがまったく違う自分」が、それぞれに同時存在しているのです。

時空間を、「この現実宇宙」に固定した場合、多次元にわたって無数の「シャボン玉宇宙」（宇宙を一つのシャボン玉としてとらえた概念）があり、それぞれの世界の中に、「振動数の異なる自分」がいるわけです。

すべてが同時に存在する「多次元パラレル」の仕組み

ここからは、「多次元パラレル宇宙」の仕組みについて、量子力学の観点から見ていきましょう。

人間の身体や感情は、振動する素粒子のかたまりです。そして、魂意識というのは、さらに細かい超素粒子でできています。

物質を構成する最小単位の素粒子には、「粒子」と「波（エネルギー）」という二つの性質があると、量子力学ではとらえています。

「エネルギーのかたまりとして粒子とみなされる性質」と「振動する波のエネルギーの性質」とを持っているのです。目に見える物質であり、同時に、目に見えないエネルギーでもあり、どちらの性質が現れるのかは、その都度、観測者が意識で選択しています。

私たちが生きる三次元の地球は、すべてが、「目に見える物質として現れている世界」です。肉体も身の周りにある家具も衣服も食べ物も車も、素粒子の粒子の集合体ですが、観測者である私たちが、「形ある物質」とみなしているから、そこに存在しているように見えます。

でも、本当は実体がなくて、エネルギーのかたまりが物質のように見えているだけです。そう見えるのは、あなたが、「それはそこに存在している」とみなしているからです。

さらに言うと、無限の宇宙には、「そこに、それが実在していない、または、別の形で存在している世界」が、無限数に存在しています。

すべてのものは、エネルギーの状態で、多次元に同時に存在できます。これが、多次元パラレル宇宙の仕組みです。

つまり、あなたは、この地球上と宇宙次元のあらゆる領域に、また、過去・未来も含めたあまねく領域に、異なるバージョンのあなたとして、同時に存在することができるということ。その数は無限です。

あなたは、その身体を持った自分を物質ととらえ、「今、ここにしか存在できない」と錯覚しているので、変わることなく、その環境にい続けます。

でも、「自分は魂意識エネルギーである」と認識すると、自分という存在の可能性が一気に広がります。

例えば、「自分はハワイの海で遊んでいる」と意識したとたん、「すでにハワイで泳ぐ自分のパラレル宇宙」にアクセスしています。「ドバイのペントハウスで優雅に暮らしている」と意識したら、「すでにドバイで暮らす自分のパラレル宇宙」にエネルギーをフォーカスしています。

多次元パラレル宇宙には、無限のシナリオの自分が存在しているので、それらの中から、望む自分を選べばいいのです。

理論的には、高次元には時間も空間も存在しないので、瞬間的に、パラレル宇宙のどこへでも移動できます。

しかし、地球においては、容易にそれができないのは、時間・空間と重力があるためです。さらには、身体と感情のエネルギーが重すぎること、そして、魂意識エネルギーの振動数が低いからです。

さらには、「そんなことできるわけがない」という集合意識の重さも加わり、あなたの「魂意識の振動数」（＊89ページ参照）に大きく影響しています。

この世で何を体験するかは自分次第

毎瞬毎秒が、あなたの未来にとっての選択のタイミングです。

日常生活で、あらゆる選択の機会があり、ひとつ選択すると、それ以外の選択をしなかった現実が、体験しないパラレル宇宙として無数に同時存在します。これが、「多次元パラレル宇宙の原理」です。

例えば、お昼に、ラーメンを食べるか、海鮮丼を食べるか、迷ったとします。

「よし、今日はラーメンだ！」と選択して、行きつけのお店に入って、美味しいラーメンを味わいました。すると、パラレルの別の宇宙には、選択しなかったけれど、海鮮丼を食べている自分がエネルギーとして存在しているわけです。

それ以外にも、カレーを食べている自分、パスタを食べている自分、焼き魚定食を食べている自分、あるいは、何も食べてない自分が、同時に存在しています。


この世で何を体験するかは自分次第だ、ということを、まずは受け入れてください。それがないと、奇跡が起きているパラレル宇宙へアクセスできません。

「こうなったら、いいなぁ」とあなたが想像できることは、すでにその願いが叶った自分が、ひとつのパラレル宇宙に存在しているということになります。

今のあなたが体験している現実以外の、無限数のパラレル宇宙に、さまざまな自分が存在しているのです。

最も幸せな自分がいる多次元パラレルを選べばいい

ちょっとイメージしてみてください。どんな状況であれば、自分は最高に幸せだと思えますか？

・・・・・・・・

ビジネスで大成功して、やりがいに満ちた毎日を送っている自分
社内トップの営業成績を上げた自分
ハーバード大学に留学して立派な成績をおさめ、表彰されている自分
副業が成果を上げ、経済的に余裕のある生活をしている自分
念願のサロンを開いて、お客様を喜ばせている自分
本を出版して、パーティで挨拶する自分

アーティストとして、テレビやメディアで取り上げられている自分
スポーツカーで高原をドライブしている自分
趣味のハンドメイドを満喫している自分
ハワイの海辺でリラックスしている自分
海外を旅して、食事や芸術を愉しむ自分
ドバイのペントハウスに暮らしている自分
愛するパートナーとかわいい子どもに囲まれて、笑顔の自分
自然豊かな環境で、日々、悠々自適に暮らす自分
気の合う人たちに囲まれ、笑いの絶えない毎日を過ごしている自分
老後資金にも困らず、健康に恵まれて心豊かな暮らしをしている自分
宝くじで3億円を当てた自分
などなど——。

・・・・・・・・

あなたがイメージできるものは、すでに、多次元パラレル宇宙に必ず存在しています。そこへアクセスして、移行できれば、宇宙レベルの奇跡を体験できるわけです。

異次元の奇跡はすでに存在する。
その多次元パラレル宇宙に移行するだけで、それが起こる。

これが、新たな時代の常識となる、「異次元 奇跡の法則」なのです。「スーパーミラクル」とも表現できる奇跡です。

すべての現実の体験は、自分の意識が創り出しています。奇跡を体験するもしないも、自分が選んでいることであり、要は、自分の意識をどう操るかがポイントになります。

今の地球は、急速にエネルギーが高まっていて、どの宇宙で生きるかを自分で選び、自分の人生を自由に創造できるようになっています。これは、自分の意識で、多次元パラレルを選び、そこへ自由に飛べるということです。

自分が望まない状況に身を置いていると思うなら、なおさら自分が望む姿、望む人生をイメージしてください。

そのイメージした自分を、どんな状況であっても維持してください。それが、現実を変える秘訣です。

イメージした自分に繋がれば、瞬時に移行できる

望む自分をイメージした場合、ありありと幸せな自分の姿が浮かぶ人もいれば、ぼんやりとしか浮かばない人もいるでしょう。それには、個人差があります。

◆望む自分の姿を明確に思い描く

望む自分の姿を明確に思い描くことができれば、その現実は、手が届くほど近いパラレ

ルに存在していることになります。そのため、思い描いたことが現象化するのに、それほど時間はかかからないでしょう。

少しだけ想像できるということでも、それは、あなたがアクセス可能なパラレル宇宙のどこかに、望む自分が存在しているということ。

確実にアクセス可能な範囲に、その自分がすでに存在しているので、イメージができるとも言えます。アクセスできないものは、最初から思い浮かんだりしません。

あなたが、「こうありたい」「こうなりたい」という望みがあり、それを思い浮かべることが少しでもできるなら、それは実現可能なのです。

◆奇跡が起きるまでに要する時間

望む自分の姿が曖昧な場合は、奇跡が起こるまでに時間がかかります。明確に思い描けないのは、自分がいる「今ここ」の地点から、理想の自分が存在しているパラレル宇宙まで、かなりの次元の差があることを意味します。

まったくイメージできないものは、その時点で、「アクセス可能なパラレルの自分は存在しない」ことになります。

例えば、5年後を想像したときに、「自分の店を持ってビジネスをしている自分」がビジョンとして浮かんだとします。

そのビジョンが見えた、つまり、魂でキャッチできたということは、そのような自分がすでに存在しているパラレルの宇宙があるのです。

であれば、意識を乗り替えて、望む自分と繋がれば良いのです。高次元宇宙に時間と空間の概念はないので、それは一瞬で起こります。

つまり、この瞬間に同時に存在している無限の多次元パラレルの中から、時間と空間を超えて、「自分の店を持ってビジネスをしている5年後の自分」にアクセスする、移行するということなのです。

その時間は、ゼロ秒です。

「こうなったら嬉しい」「これが実現したら幸せ」という望みが叶った自分、奇跡を体験している自分をイメージできるということは、その現実が、必ず多次元パラレルに存在しています。

鍵となるのは、今この瞬間に同時に生じている、無限数のパラレルの「自分宇宙」（後述）に一瞬でアクセスすること。

時間も距離も関係ありません。

望むパラレルを選んで、今この瞬間、その自分へと意識を変換すればいいのです。

そのアクセスした「自分宇宙」に、ある程度の頻度と時間、存在し続けることで、いつの間にか、自然に現実化するのです。

高次元から見る、奇跡に気づかない理由

「宇宙レベルの奇跡」は、奇跡が起きたことに自分では気づかない、と先ほどお伝えしま

した（＊63ページ参照）。

その理由について、ここでは、「高次元」の視点から、ご説明していきます。

多次元パラレル宇宙には、イキイキと人生を送っている自分、成功している自分、幸せな自分、健康な自分が、同時に存在しています。

そのような多次元パラレルのエネルギーに、瞬間的に魂意識の振動数を合わせることでアクセスします。自分が望むパラレルに移行し、そこに一定の時間存在し続けること。それが、「奇跡」を生み出します。

宇宙レベルでパラレル宇宙に移行すると、瞬間的に、自分の「中心次元の宇宙」が切り替わります。

しかし、その時、同時に過去も同様に変わっているので、その奇跡のような自分があたかも以前から存在している感覚のままとなり、奇跡を体験したことに気づかないわけです。

切り替わったことに気づかないほど、それは、自然に起こります。

このことは、とても重要な事実で、「宇宙レベルの奇跡」の環境では、すごい奇跡が起きたことを認識せずに、新しい宇宙で生きることになります。

これに反して、「地球レベルの奇跡」は、過去もそれほど変わらないため、奇跡が起きたことを認識することができるのです。

今までとまったく異なる「中心次元の宇宙」に移ると、過去だけでなく、当然、未来も変わります。

つまり、未来をコントロールできるということです。未来がどうなるかわからないという不安を抱くのは、この事実を知らないからです。

実際は、過去も未来も、自分で自由に選べるのです。自分の魂意識の振動数を変えて、開いたポータルから別のパラレルへ移ればいいわけです。

違う多次元パラレル宇宙に瞬間的にアクセスできることを理解すると、自分の人生が瞬間瞬間の意識の選択次第であると気づきます。

そして、自由自在に魂意識の振動数を上げたり下げたりできるようになると、パラレル変換完了に必要な時間には個人差があるものの、まったく違う現実を味わえるようになるのです。

その場合、移行したパラレル宇宙において、同時に、周りの人も変わり、自分自身への評価も変わります。人生の状況も、身体の状態も変わります。そして、過去も未来も、自然に変わっているのです。

多次元パラレル宇宙が無限数にあるということは、奇跡も無限数に存在しているということです。自分の意識で、奇跡は起こるのです。

「同時に存在する多次元パラレルの世界がある」ということを受け入れるなら、無限数に存在する多次元パラレルの中から、自分の意志で、〝生きる世界〟を選ぶことができるわけです。

多次元パラレルにいる理想の自分を実現するコツ

あなたが意識したことは、パラレル宇宙へのポータルを開くエネルギーとなって、自分自身の体験を生み出していくことになります。ですから、次のことが大事です。

◉望まない不安要素に意識を向け続けるのではなく、望むこと、嬉しいと思うことに、意識のチャンネルを合わせること。

「自分はどんな世界で生きたら幸せだろう？　満足いくだろう？」と想像を広げてみてください。「自分はどうなりたいのかなぁ」と楽で愉しい気持ちでイメージすることがポイントです。

このとき、大事なのは、意識にブレーキをかけないこと、つまり、遠慮をしないことです。人間に与えられたイメージする力は、とても大きな可能性を秘めているからです。

◉「意識のチャンネル合わせ」を、いつでも自分の意志で行うこと。

周りの人や環境は関係なく、本来、自分の現実をコントロールできるのは自分だけです。

◉「こうありたい」「こうなりたい」と思う自分の姿をイメージして、その多次元パラレル宇宙へとシフト（変換）する。

望むものに意識を向けると、魂意識の振動数が一瞬で変わります。自分の意志で意識のチャンネルを変えるだけで、その瞬間、自分が身を置いている宇宙が別の宇宙へと切り替わります。

なぜなら、高次元宇宙には、「時間」と「空間」が存在しないからです。

以上により、自分の魂に映し出したイメージ通り、幸せな感覚に包まれる自分を現実で体験するようになります。奇跡はそうやって起きるのです。

現状を変えたくても変えられないのは、「パラレル宇宙」のカラクリを知らないからです。

つまり、「多次元パラレル宇宙」の仕組みを知っていることと、「自分に奇跡は起こる」という意識状態になれるかが、ポイントになります。

望む自分になりきり、生まれ変わって行動しましょう。

その結果、人生がガラリと変わっていくでしょう。

コラム

あなたの「魂意識」の振動数が現実を変化させる

人生の体験を左右する「魂意識」の仕組み

多次元パラレル宇宙について「魂」という側面から、関係性を見ていきましょう。

人はみな、「魂意識の振動数（エネルギー次元）を上げて進化・成長する」という目的のために、地球に生まれて来ています。私は、魂意識のことを、「ソウルウェイブ」とも呼んでいます。

三次元の物質世界は振動数が低く、重力によって時間や空間などの制限があるからこそ、自らの「魂意識」の振動数を高めるための場にピッタリなのです。悩みや困難、症状や病気を通して、一気に、魂が進化・成長できるからです。

自らの意志で、「人間として、地球で気づき、学び、進化・成長する」と決めて、課題を持って生まれたはずなのに、制限や負担のかかる身体に入ると、魂の目的をすっかり忘れてしまうのが、地球というところです。

そもそも、人間の本質とは何か、あなたの正体とは何者か、ご存知でしょうか? 私がとらえている人間の本質について、ここで説明しましょう。

●人間の生命の本質は、「魂意識」であり、素粒子を超えた極小のエネルギー波

地球上で最も小さな粒子は素粒子ですが、それよりもさらに小さな「超素粒子」が人間の生命エネルギーの根源です。魂の意識を物質の側面でとらえると、目に見えないエネルギーの超素粒子が、右方向に回転しながら進む波(右螺旋振動波=ソウルウェイブ)の状態です。

●「魂意識」は体験を通して常に進化・成長し続ける

魂意識のエネルギーが誕生する点が、魂の源である「ゼロポイント」です。

ゼロポイントからスタートした魂意識は、いろいろな体験を通して学びながら、進化・成長し続けます。それが魂意識の性質であり、特徴なのです。

つまり、人それぞれ、この宇宙と地球で進化・成長のプロセスを歩み続けながら、いろいろな体験をしています。

近年、量子力学の研究が世界的に進み、人の意識というものが、最先端の科学で解き明かされています。そのことを理解せず、古い価値観や常識に縛られ、目に見えないものを否定し続けるのは、なんと、もったいないことでしょう。

身体や感情と比べて、比較にならないほど、魂意識の方が圧倒的に振動数が高く、見えないエネルギーレベルで変化を起こしやすく、現実世界に強力に作用するのです。

これは、〝あなたが意識を変えれば、現実にも変化をもたらすことができる〟ということです。

魂意識の状態で人生が違ってくる

魂意識の振動数が高いか低いかで、人生での体験がまったく違っていきます。

振動数の高い人は、常に自由におおらかな人生を送っています。他人や社会の影響をほとんど受けることがなく、自由に生きるという在り方です。

魂意識のエネルギーが上がると、一般的に体に悪いとされる食品、他人や社会の悪影響、ウィルスや電磁波、放射線など、環境のさまざまなネガティブなものからの影響を、あまり受けなくなります。

また、魂意識の振動数の高い人は、過去を後悔することも、未来に不安を抱くこともなく、「今ここ」を生きていて、とても穏やかです。現代社会では、このようなタイプの人は、あまり、見かけません。

逆に、魂振動数の低い人は、他人や社会の言いなりで、「自分には力がない」と思い込んでいます。他人にコントロールされ、悪いとされるものからの影響を強く受け、もがき続ける人生を送ることになるのです。今の社会において、残念ながら、ほとんどの人が、そのようなタイプです。

自ら気づいて目醒め、意識を変えない限り、現状のまま、もがく人生が続きます。「誰かが何とかしてくれる」という他力本願ではなく、自分で自分を幸せにするという気持ちを持つことが必要です。

多次元パラレル宇宙は、無限数に存在します。しかし、ほとんどの人は、自らの魂意識の振動数を自由自在にコントロールできないので、ただ一つの宇宙の中の一つの現実にしか自分は存在できないと思い込んでいます。

そのような人は、例えば、仕事でミスをして落ち込んでいたり、結婚に失敗したり、病気に苦しんでいたり、不幸で人生のどん底にいるとして、悩み多き人生を変えられずに生きています。

地球も、一つの生命体として、進化・成長のプロセスを歩んでいます。かつての時代と比べて、近年は、地球自身の意識次元が上がりつつあります。

その影響で、〝物質世界の時間と空間の制限の壁〟が薄くなり、変化を起こしやすくなってきているのです。

高次元宇宙には、時間も空間も存在しません。奇跡の妨げになる「時間と空間の概念」を、少しずつ、手放していくことが重要です。

第3章

「松果体」のポータルを通して理想の自分に出会う

キーワード

高次元DNA
・
パラレル変換
・
共鳴の法則

宇宙の叡智を身体に巡らせる松果体の働き

多次元パラレルへは、どのようにしたら移行できるのでしょう？　その鍵を握るのが、脳の中心にある内分泌器官「松果体」です。

「第三の目」とも呼ばれる松果体は、脳の中心にあり、人間の進化・成長にとって最も重要な器官です。セロトニンやメラトニンを生成し、規則正しい生活リズムを刻むように体内を調整し、心身の健康を保つ働きをします。

哲学者のデカルトは、松果体を、「魂のありか」と表現しました。

私は、長年、人間の進化・成長にまつわる〝未知の機能〟を秘めている松果体を、独自に探求してきました。松果体については、自著『松果体革命』（ナチュラルスピリット）で、詳しく解説しています。

ここでは、基本的なことをご説明しましょう。

松果体は、感情のコントロールや身体の細胞や器官に対する指令をはじめ、人生と身体が正常に機能するよう、司令塔として監視と調整を行っています。

それ以上に重要なのが、「高次元の宇宙エネルギー（宇宙叡智）」の受信器官であり、同時に変換器の役目を担っている点です。

松果体は、宇宙の叡智である高次元知識・情報を受け取り、それらの高い振動数を身体レベルに適応させるべく、身体の叡智としての低い振動数へと変換します。それらが脳から背骨の中の脊髄と枝分かれする脊髄神経を伝わることで、全身を機能させているのです。

高次元DNAの乱れを正し、本来のあるべき状態へ

もう少し、かみくだいてみましょう。

かつて、私たちの祖先は、大自然と調和した暮らしを営み、霊性豊かに生きていました。

その頃の人々は、宇宙から注がれるエネルギーや目に見えないエネルギーなどとともに、三次元の現実世界のことも、深く理解していました。

私たちの中には、「DNAとして受け継がれた祖先からの身体遺伝情報」と、「目に見えないDNA（高次元DNA）に刻まれた高次元情報」が、もともと存在しています。


この「高次元DNA」には、〝いつ、どこで、何を、どのように体験するか〟という、人生と身体のシナリオが情報としてすべて入っています。

その個人の人生と身体を、シナリオ通りに体験させること、または、シナリオを書き換

えること（パラレルシフトすること）が、松果体の役割です。

松果体は、その人が本来のあるべき姿、魂が望む姿でいられるよう、宇宙の高次元情報という高いエネルギーを受け取り、現実世界に存在する人間の感情と身体のエネルギーに変換します。こうして、「宇宙レベルの叡智」を「身体レベルの叡智」へと変換するのです。

松果体で変換されたエネルギーは、背骨の中の脊髄を通り、脊髄から枝のように広がる脊髄神経を通り、全身の細胞の核の中にある目に見えない高次元ＤＮＡに届けられて、その乱れを修正し、良い状態に調整します。

この場合、ただ単に、高次元ＤＮＡを修正するのではありません。

宇宙の叡智のエネルギーを松果体に受け取ることにより、あなたが地球に生まれる前の「魂意識」のときに設定した人生と身体のシナリオに基いて、それにまつわる身体の課題をこなすよう、最適な気づきや学びが生み出されるように、高次元ＤＮＡが調整されるのです。

身体状態も人生模様も松果体が制御している

現代人は、松果体がかなり衰弱しています。それゆえ、意識を高めるための気づきや学びを得る能力が低下し、身体的にも精神的にもさまざまな不調を抱えています。

松果体の衰弱は、あらゆる問題を引き起こします。例えば、病気の回復が悪かったり、人間関係や仕事、お金などで苦労することになります。

人生や身体に問題が起きたときに、それをいち早く察知して、気づきや学びを通して、生活や健康状態を良い方向に向けるという働きを、松果体は担っているのです。

さらには、宇宙の叡智が、松果体を通して、高次元DNA（目に見えないDNA）と三次元DNA（目に見えるDNA）に働きかけ、人生と身体を修正していきます。これは、生きるうえで、最も大切な部分と言えるでしょう。

人生と身体の問題を、自分の魂意識が、自己の進化・成長のために設定しているのだと受け入れてみてください。自分の人生と身体のすべてをあるがままに受け入れることで、松果体はますます活性化し、望むパラレルへの出入り口（ポータル）が開くことになるのです。

松果体は宇宙に繋がる神秘のブラックホール

松果体のエネルギー体には、パラレル自分宇宙へのポータルがたくさん存在しています。ポータルとは、多次元パラレル宇宙へアクセスして移行する出入り口です。

松果体は、そのほとんどが珪素でできています。珪素はシリコンとも呼ばれ、酸素の次に多く自然界に存在し、人体の中で肌、骨、血液の細胞など、主要な組織を形成しています。

これはまだ誰も知らない知識ですが、珪素は非常に特殊な物質で、宇宙にあるすべての元素の中で、唯一、原子内にブラックホールを持っています。

珪素原子は、目に見えない高次元の珪素エネルギーも含めて、高次元のパラレル宇宙のポータルであるブラックホールを持ちます。それを強力に包括しているのが、松果体なのです。

松果体に存在するブラックホールを、私は、「シリコンホール」と呼んでいます。

このシリコンホールこそ、宇宙の高次元エネルギーと繋がることができる特殊なポータルです。また、無限数にある多次元パラレルへアクセスするための扉であり、出入り口となっています。

このシリコンホールは、基本的には、魂意識の振動数が高い人ほど、望むパラレル宇宙へのポータルが大きく開き、より高いレベルの奇跡を起こすことが容易になります。

ポータルが開くと望む自分にアクセスできる

「宇宙」と「人間の魂意識」との関係、脳の松果体の役割、魂意識の振動数の高め方など、人類と地球の進化・成長について徹底的に探求してきた私は、シリコンホール（ポータル）の仕組みを解明するに至りました。

多次元パラレルへアクセスするには、まず、このシリコンホール（ポータル）が開いていなければなりません。また、開いていたとしても、そこへアクセスする方法や、移行して存在し続ける方法を知らなければ、実現しないことになります。

移行を成功させるコツは、望む自分をただ選び、実現した自分を演じることです。それには、次のステップを踏みます。

＊

①すべてを受け入れることで、自分の「魂意識エネルギー」の振動数を上げます。すると、松果体が高度に活性化し、松果体の細胞が超高速で振動することより、シリコンホール（ポータル）が開きます。

②シリコンホール（ポータル）が最も強力に開いたときに、「望む自分が存在する多次元パラレル宇宙（自分宇宙）」にアクセスできます。そして、その自分を選び、その自分になりきることで、そのパラレルにシフトします。

あなたの魂意識エネルギーの振動数が高ければ高いほど、より高い望みが叶っているパラレルにアクセスできます。魂意識エネルギーの振動数を高くする秘訣は、人生と身体のすべてを受け入れて、望む奇跡が叶っている宇宙の自分を選択して、その自分になりきることです。

＊

このように、「ポータルを開いて、奇跡を体験している自分宇宙へ飛んでみよう！」と、あなたに提案したいのです。

コラム

松果体のポータルを開く3つのコツ

意識振動数を上げて、松果体のポータルを開くコツを、さらに説明していきましょう。

多次元パラレル宇宙は、いわば、高次元の概念なので、三次元の知識や情報による理解の範囲を超えています。地球の常識にはないので、どんなに言葉を尽くしても、完璧には伝えきれないもどかしさがあります。

ですから、矛盾しているようですが、脳を使って理解しようとしないでください。かえって、思考が邪魔をして、松果体のポータルが閉じてしまうからです。

松果体のポータルを開くコツ 1

脳を使わず、全身がゆるんだ状態を作る

昔と比べて、現代人は多くの情報に接して生きています。情報処理をしなければならないため、脳は四六時中、思考していて、休まるときがほとんどありません。寝床に入ってまで、スマホでニュースやSNSをチェックしているわけですから、脳が過剰活動気味です。

さらには、脳のエネルギー回路は、古い常識や固定観念による知識や情報ですでにあふれ返っている状態に加え、過去を後悔したり、未来を心配するなどして思考が常に働いていて、脳は緊張状態にあります。

このようなことは、松果体を不活性化させ、松果体のポータルの扉は固く閉じられてしまいます。

一方、温泉に浸かってのんびりしているとき、海や山といった自然の中でくつろいでい

るとき、何もしないでリラックスしているときは、脳波がゆるやかな波形になり、呼吸も深くなります。脳の緊張状態が解けてゆるみ、心も体も穏やかになります。

このようなとき、松果体は活性化し、松果体のポータルが開くのです。

松果体のポータルを開くコツ 2

今この瞬間を「自分の意識エネルギー」で満たす

別の言い方をすれば、松果体を活性化する鍵は、「今この瞬間」を生きること。今この瞬間に集中して、その状況を楽しむことです。

脳を使わずに、今この瞬間を自分だけの意識エネルギーで満たすと、松果体を通して自分本来の宇宙と繋がります。

本来の高い次元、つまり「ゼロポイント」に近い次元と繋がると、その強力なエネルギーにより、ポータルが開いた状態になるのです。

高次元の観点では、「時間」と「空間」は存在しません。過去も未来も本当は存在せず、あるのは「今」だけです。

地球上にいると、時間軸によって、過去や未来があるように思えます。過去から現在、現在から未来という方向に時間が流れる、というように。

また、自分と対象には空間があるように見えます。まるで、大きな隔たりが存在しているかのように。

でも、本当は、「今この瞬間」が連続しているだけなのです。

●「今」にいる以外の時間と、「ここ」にいる以外の空間には、自分の意識の中心はありません。

●今この瞬間、過去と未来の自分と、そして今ここと異なる自分は、非中心の自分として、多次元パラレルに存在するのです。

松果体のポータルを開くコツ3

今と過去と未来の自分をすべて受け入れる

松果体のポータルの扉を強力に開くには、「今までの過去を、すべて受け入れて肯定すること」です。過去の悲しみや怒り、後悔や罪悪感があると、それらが足を引っ張るからです。

また、「今ここの、あるがままの自分を、すべて受け入れて肯定すること」です。

同様に、「未来への不安や恐怖も、受け入れて肯定すること」です。「こうなったら、どうしよう?」と不安や恐怖を抱くと、意識エネルギーの振動数が一気に下がってしまいます。

さらには、あなたにネガティブな影響を与える出来事も受け入れることです。「すべてはそれでよいのだ」と肯定してください。

「今この瞬間」を、自分だけの意識で埋めるということ。そうすれば、自分が望むパラレルへのポータルが大きく開きます。

過去や未来にとらわれたり、自分以外の存在や環境を否定してはダメなのです。それらをすべて受け入れるのです。

「気持ちがいいなぁ」「最高だなぁ」「自分はラッキーだなぁ」「なんて幸せな人生を歩んでいるんだろう」とその自分になりきって過ごしていると、振動数が自然と上がります。

奇跡を体験している自分と共鳴するので、そのうち、その自分が当たり前の感覚になってきます。

それにより、望む自分宇宙に、存在し続けるようになるのです。

すでに奇跡が起きている幸せな自分へと移行

ポータルから望むパラレル宇宙への移行について、切り口を変えてご説明しましょう。

それは、今ここで生きている自分から、こうなりたいと望むパラレルの自分に、「意識のスイッチを切り替える」ことになります。

今現在、あなたが何らかの悩みや困難を抱えて、人生に絶望しそうになっているとします。

「病気が治らない」「店がつぶれた」「会社にリストラされて収入が減ってしまった」「このままでは将来が不安で仕方ない」「ずっと一人の寂しい人生かと思うと泣けてくる」などというように。

そのような状況であれ、「幸せである自分を、イメージしてみてください」と言われたら、どうでしょう？　なんとなくでも、思い浮かべることができるのではないでしょうか？

繰り返しお伝えしますが、イメージできる自分は、すでに存在しています。

その自分になるには、「こんなことが起きたら奇跡だ」と思うことを体験している自分のパラレル宇宙に、松果体のポータルを通して移行すればいいのです。それには、イメージできる自分が無数にいる多次元パラレル宇宙の中から、ひとつを選ぶのです。

すでに奇跡が起きている多次元パラレル宇宙へ、松果体のポータルを通して瞬間移行すること。これを「パラレルシフト」と言います。

まさに、一瞬にして存在する宇宙が切り替わります！

今この瞬間の自分宇宙から、望むパラレル宇宙へとシフトすることで、奇跡が引き起こされるのです。これは、「自分が意図的にそうした」ということであり、つまり、奇跡は自分の意志で起こすということです。

しかし、宇宙レベルの奇跡は、多次元パラレル宇宙の仕組みを知っている人にしか、起きません。

そして、あなたが高いレベルの奇跡を体験したいなら、最も大事なことは、自分の魂意識の振動数を上げることです。意識振動数が低い状態では、松果体が活性化せず、ポータルが開きません。

これは、宇宙の万物に共通する「共振共鳴の法則」（＊126ページ参照）によるものです。あなたの意識振動数が低いと、現状維持のままで、パラレルシフトはあり得ません。

たとえ、奇跡が起きたとしても、それは、誰も驚くことのない程度の地球レベルの奇跡です。

必要なのはレベルの高いパラレルに行くこと

今まで辛く苦しい人生を送ってきた人が、これからはワクワク、ぷあぷあ（楽で愉しい）の人生を歩みたいと望むのであれば、レベルの高いパラレルにアクセスする必要があります。

それには、自分の意識振動数を上げて、それに見合うレベルのポータルを開くことが大前提になります。

意識振動数を上げるコツは、「異次元 奇跡の法則」を知ったうえで、今ここのあるがままの自分を、無条件に、「完全」「完璧」「愛でいっぱい」であると受け入れることです。

あなた自身が、常に高い意識エネルギーを保つ人であることが必須です。意識振動数が高いことは、宇宙レベルの奇跡を体験するうえで最も重要ですが、パラレル変換（パラレルシフト）を完結させるには、その状態で望む自分になりきって、一定期間を過ごすことも必要になります。

多次元パラレルの望む自分にアクセスして、そこへ移行するまでのステップは、次のようになります。最後の「一定期間、なりきる」は、とても重要です。

すべてを受け入れることで、魂意識の振動数が上がり、松果体が
活性化する

↓

松果体の「シリコンホール」（ポータル）が開く

↓

無限数の多次元パラレルの中から、望む「自分宇宙」を選ぶ

↓

ポータルが開いている（受け入れてリラックスしている）間に、
パラレルの「自分宇宙」に移行（シフト）する

↓

一定期間、ぶれずに、望む自分になりきる（パラレル変換を完結
させる）

望む自分になるための3つの重要ポイント

あなたが「こうありたい」「こうなりたい」と望む自分をイメージできたら、その自分はすでに、アクセス可能な多次元パラレルのどこかに存在しています。

成功への鍵は、周囲の人から反対されようと、馬鹿にされようと、「なりたい自分」にアクセスして、その自分になりきれるかどうかなのです。

そのための、大事なポイントをお伝えしましょう。

1「なりたい自分」に執着しすぎない

意識しすぎると、かえってうまくいきません。「望む自分になりたい」と思えば思うほど、そうなっていない自分が今ここに存在するということを、潜在意識の自分に刻み付けることとなります。

「どうしてもそうなりたい」「何が何でもなりたい」と強く思うほど、そうなっていない自分が強調されて、結果的に、なれない状態が続いてしまうのです。

これまでのあなたが、きっと、そうだったのではないでしょうか？

引き寄せの法則を試したり、願望実現のノウハウを実践して、「こうなりたい」「ああなりたい」と思い続けたことが、執着を生み出し、逆に望む自分から遠ざけていたのです。

矛盾しているように感じるかもしれませんが、これは、多くの人がつまずくところです。

もう一度強調しますが、望む自分になろうと意識しすぎないでください。

2 イメージする際は、軽くてふわっとした感覚で

イメージの仕方にも、ちょっとしたコツがあります。望む自分をイメージするときは、全身の力を抜き、ゆるんだ状態になることから始めます。

まずは、現状の自分のすべてを受け入れましょう。いろいろ不満はあるとしても、「今

はこれで良いんだ」と受け入れます。

そのうえで、「こうなったらいいいな」という望みを、なんとなく、ぼんやりと意識してください。このとき、軽くてふわっとした「ぷあぷあ」（楽で愉しい）の感覚になることです。

一度イメージしたら、あとは忘れてしまってもかまいません。

「こうあるべき、」「こうなるべき」と、ガチガチになって執着するほど、うまくいきません。執着せずに、意識を漂わせることがポイントです。

3 思っていた状況と違っても抵抗しない

この法則のもと、望みを抱いていれば、自然と良い方向へ現実が動いていきます。ですから、思っていたのと違う状況が目の前にやって来たとしても、「必要だからそれがやって来た」と受け止め、抵抗しないことです。

言い換えれば、「望む自分をなんとなくでもイメージしていれば、最終的にそのパラレルに行ける」と知っていることが大事です。「こうである」という意識が魂意識にインプットされるので、あとは、流れに任せましょう。

宇宙の叡智は愛のエネルギーなので、基本的に、本人のためになることしか起こりません。

あれこれ考えず「そうなっている」と思っていればいい

再度、繰り返しますが、宇宙レベルの奇跡が起こる仕組みをマスターするには、脳を使わないことです。

脳をフリーズさせてください。松果体を活性化するためには、脳を休ませるほうがいいのです。

ボーッとしてください。何も考えないでください。

脳を使わなければ使わないほど、今この瞬間に意識を向けるほど、魂意識のエネルギーは次元上昇していきます。その状態を持続させてください。

そのように、松果体のポータルを常に開けたままにしておけば、いつでも、パラレルに行くことができます。開けたままにしておくために必要なのは、今ここにフォーカスして、何も考えないことです。


「すでにそうなっている」とだけ思っていればいい。

それも、「なんとなく」という感覚で。


なんとなくは、脳をゆるく使う状態です。そうすれば、松果体のポータルがずっと開きやすくなります。

言葉も文章も脳を使うので、ある程度読み進めたら、この本を閉じてください。それを繰り返しながら、この本を読んでいってください。

叶っている状態に浸りきることが実現を早める

日常生活を送っていると、周りの人から何か言われたりして、現実の世界に戻ってしまいます。そうなると、せっかく多次元パラレルに移行しても、再び、もとの自分になってしまいます。

ポータルが開いていれば、気持ちがゆるんだときに、また向こうの世界へ行けるのですが……。

移行したら、望むパラレルの自分になりきることで、パラレルに存在し続けることができます。

そのように、宇宙を、何度か行ったり来たりを繰り返すうちに、向こうのパラレル宇宙の振動数に慣れてくるので、ある臨界点を超えたときに、いつの間にか、今の現実宇宙が向こうのパラレル宇宙と入れ替わります。

ハワイでのんびり暮らしている自分に移行完了した奇跡においては、このような感覚を抱くでしょう。

＊

「もう何年も前からハワイで暮らしている」という感覚があり、ハワイにいる自分が当たり前で、少しも疑問が生じない。

チェンジしたという感覚もほとんどない。それくらい自然。

＊

意識エネルギーが十分に高い場合、このように、本当に以前からハワイで生きていた宇宙となります。

このとき、あなたは、まったく奇跡が起きたことを知りません。

一つだけ、気をつけてほしいことがあります。

「よし、奇跡を起こしてやろう！」などと、強く思わないでください。

「奇跡を起こしたい」「変わりたい」と思いすぎる意識状態の人は、「今ここ」にいる自分を否定することになり、それゆえ、松果体のポータルを閉じてしまうからです。

宇宙レベルの奇跡を起こすには、「今この瞬間」に１００％の肯定意識を持つことが大事です。奇跡を起こそうと強く思っている人が、高いレベルの奇跡を起こせるわけではないのです。

脳を休めて、ぼんやりと、「こんなふうな自分」とイメージすること。そして、その自分がいるパラレル宇宙に意識をおくのです。

コラム

魂意識の望みと一致するのが「本当の望み」

脳を使わず、松果体が活性化した状態で初めて、自分の魂意識の望みに繋がれます。

逆に言えば、脳で思考する望みは、あなたの魂意識の本当の望みではありません。あなたにとって最善の望みとは、宇宙の大本と繋がる「自分の魂意識」の望みと一致しています。

それゆえ、多次元パラレル宇宙の自分を選んで、なりきるだけで、魂レベルで望んだことが簡単に起こるようになるのです。

脳であれこれ望むことは、そもそも、魂の進化・成長に繋がらないので、実現しなくてもいいのです。

それよりも、自分の魂意識が望んでいることが一番大事で、それこそが、人生を豊かで幸せにすることを知っていてください。

本来、あなたはその望みを実現するために、この地球に生まれて来ています。それが、まだ、実現できていないから、この本と出会ったと言えるでしょう。

現実化を加速させる「共鳴の法則」

この世のすべてのものは、粒子でもあり、波でもあり、固有の振動数で常に振動しています。そして、同じ振動数のもの同士が共振共鳴し、引き寄せ合っています。

この原理原則によって、何かとの出会いや出来事にはすべて、「共鳴の法則」が働いています。人、物、仕事、生活、チャンスなど、あらゆることに――。

これは、あなたの意識振動数と共鳴するものとは出会うことができ、体験することができますが、共鳴しないものとは出会うことがなく、体験できないということを意味します。

すべてを受け入れて、〝楽しい、嬉しい、幸せ〟というポジティブな愛と感謝の意識でいる人は、高い振動数で日常を生きていることになります。その振動数に共鳴する人々や出来事に出会うので、さらに、〝楽しい、嬉しい、幸せ〟というエネルギーが増幅していくのです。

たとえば、このような良い循環が起きるでしょう。

＊

●一緒にいて尊敬できたり、自分を成長させてくれる人や、すでに成功している素晴らしい人たちとの縁が繋がっていく。

●ラッキーなことが次々に起こり、毎日が喜びと感動にあふれる。

●それらが、周囲の人々や社会へ、ポジティブな影響を与えていく。

＊

そうなるために、押さえておきたいポイントは、次のようになります。

＊

●自分が体験する事象のすべては、自分の意識が作り出していると認識すること。

●現実化のメカニズムを理解すること。
●自分の人生は、自分が意識した通りになっていることを理解し、それを受け入れること。

＊

自分の意識が外側の世界に反映している、自分の意識があらゆることに影響を与えている、と知っていると、「自分の意識状態はどうあるべきか？」という発想になります。

そのポジティブな振動数に見合った人や物や出来事が、目の前にやってくることになるのです。

この基本を受け入れていないと、目に見えないエネルギーを使いこなすことはできません。使いこなすためには、まずは、次のことを理解してください。

スピーディーに現実化させるためのポイント

1　「今の自分は完全、完璧である、これで良いのだ」と、まずは受け入れます。

よく、「人生、こんなはずじゃなかった、自分はもっとできるはずだ」と、自己否定する人がいますが、それでは、何も変わっていきません。

理想の現実ではなくても、「今の自分は、これが自己設定した必要な自分」と受け入れることです。そうしないと、いつまでたっても現実が変わらず、ますます、ネガィブなスパイラルに入り、意識振動数を下げることになります。

2　現状を受け入れたら、本当に望んでいるものが見えてきます。そこに向かって、軌道修正をしましょう。

ポイントは、常に、自分のすべてを受け入れることで、自らの意識エネルギーを高くキープすること。そうすれば、必ず、望む方向に行けます。

3 人生に起きることは、常に、最高最善です。「自分にとって最善のことしか起こらない」ことを理解してください。

ときには、病気になったり、アクシデントに見舞われたり、仕事で失敗したり、人間関係で傷つくこともあるでしょう。そのようなアンハッピーに思える出来事も、自分の魂が、進化・成長するために、望んでその出来事を引き寄せているのです。

大変な出来事から気づきが生まれ、もがくことで学びが深まり、結局は、自分の意識振動数を上げることになり、それが、魂の進化・成長に繋がっていきます。

第4章

奇跡を引き起こす秘密は「なりきった自分」

キーワード

なりきる

・

集合意識を飛び越える

・

成功体験の積み重ね

簡単にブレークスルーできる理由

時代の流れは、どんどん加速しています。特別な人にだけ、努力し続けた人にだけ、奇跡が起こるなどというのは、もはや、過去の話です。

誰でも、松果体のポータルを開き、パラレルに移行完了できれば、簡単に、奇跡は起こるのです。

奇跡が起きている自分に乗り換えること、望むパラレルに移行するという仕組みは、知る人ぞ知る情報です。

地球の今までの常識と固定観念の範囲を飛び越えていますから、ブレークスルーの世界です。

地球の次元が上昇していくことで、次元間の壁がますます薄くなり、高次元の叡智やエネルギーにアクセスしやすくなっています。
同時に、人類も、気づきや学びが進んで、今まで使えなかった宇宙の法則やエネルギーを扱えるようになったのも、ブレークスルーを起こせる理由です。

例えば、自家用ジェット機を所有するとか、宇宙に行って無重力を体験するとか、女性なら、どこかの国王に見初められて王妃になる、などという話は、現実にはあり得ない、空想や妄想の世界のことだと一笑されがちです。常識的な人なら、発想すらしないかもしれません。

でも、私の言う「宇宙レベルの奇跡」「異次元の奇跡」とは、そういうことが可能になるということ。
地球レベルで見たら、ぶっ飛んでいると思われることが、軽々と実現していきます。

現実生活では、「こうしたい」と口にしたら、「やめなさい」と、親からあきれられたり、上司や友人から反対されたり、「そんなことあり得ない」と、社会から笑われて馬鹿にされたりすることでしょう。まだまだ、集合意識が、古いエネルギーレベルのままだからです。

しかし、誰からも理解されないような願いであっても、本当にあなたの魂意識が望むのであれば、集合意識を飛び越えて、それは現実となっていくのです。

叶うまでは「なりきり続ける」ことが不可欠

高次元の宇宙では、重力が少ないことにより、時間と空間の要素がとても少なく、望む瞬間に、パラレルへのポータルを通して移行し、願いがすぐに実現します。

しかし、地球は、重力が強くてエネルギーが重いこと、時間と空間が濃密で、過去から未来への流れがあること、さらには、距離の制限が強いため、物事がすぐに実現することは困難です。この制限の中で、ほとんどの人は生きています。

ですので、普通の奇跡が実現するまでに1週間、1カ月、1年、あるいは10年かかるのです。

しかし、その間ずっと、なりきって、「自分はパラレルに存在する」という意識を持ち続けること。それができたら、パラレルにいる自分が現実化していきます。

しかし、大半の人は、途中で、「やっぱり無理だ」とあきらめてしまうので、結局、ポータルが閉じてしまいます。

だから、「なりきる」という意識エネルギーを持続させる必要があるのです。意識が、変わることなく、一定のエネルギーを維持することで、周囲の人たちも応援してくれるようになります。

そうやって、古い集合意識を飛び越えると、いつのまにか、自分の魂意識がパラレル変換を起こしているのです。

そこで、重要なのが、「望む自分になりきること」です。なりきって、楽しむのです。

先の例で言えば、将来に家を建てようとしているときに、すでに、その完成した家に住んで楽しんでいる自分になりきるわけです。

人間誰しも、楽しめることであれば、努力をいとわずにやり続けられるものです。続けていければ、イキイキとして意識エネルギーが上がり、精神的にも身体的にも強くなります。

何より大事なのは、自分の思いがブレないことです。他人からどう思われようと、何を言われようと、気持ちが揺らぐことのない人には、いつのまにか奇跡が起きるのです。

宇宙レベルの奇跡を起こすための5つのキーポイント

何をどうしたら、「宇宙レベルの異次元の奇跡」が起きるのか、ポイントをまとめてみましょう。

キーポイント❶
奇跡を信じるのではなく、受け入れること

「奇跡が起きると信じている」と言う人がいますが、「信じる」は疑いがあるから出る言葉。自分の状況が悪くなれば、とたんに、「信じる」は「疑う」に反転します。

信じるのではなく、大事なのは、「受け入れる」ことです。

「信じる」という言葉を使うと、「信じよう」という意識になり、今この時点では、信じていない自分を選んでいることになります。

「信じる、信じない」ではなく、すでにそうなっている自分が存在することを受け入れる、つまり、宇宙レベルの奇跡は起きる、と受け入れるだけでいいのです。今この瞬間、「そうなっている自分」を選ぶのです。

キーポイント❷

多次元パラレル宇宙の仕組みを知っていること

まず、基本は、多次元パラレル宇宙の仕組みを知っていること。「多次元パラレル宇宙に、奇跡が起きた自分がすでに存在する」と受け入れていることです。

その仕組みをわかっていなければ、非常識な奇跡を期待しないし、宇宙レベルの奇跡を起こそうとも思わないはずです。すると、異次元の奇跡が起きるはずがありません。

重要なポイントは、「多次元パラレル宇宙が存在していて、自分はそこへ瞬間的に移行できる」という原理が、心の奥底にインプットされていることです。

キーポイント❸

一定レベルで意識エネルギーを保ち続けること

この地球には、時間という概念があるので、多次元パラレルの自分と繋がった高い意識エネルギーを、一定期間、持ち続けている必要があります。

奇跡が起きるかどうかと不安になって、意識エネルギーが上がったり下がったりで、一定の状態を保てないと、多次元パラレルのポータルから、今この現実の状態へと戻ってしまいます。

意識エネルギーレベルに多少の波があってもいいですが、波が大きいようなら、パラレルに存在し続けることができません。

この場合、常に、望みが叶った自分を思い描いて、その自分になりきり、安定した意識状態をキープすることが必要です。

キーポイント④

奇跡が起きる体験を積み重ねること

この三次元の地球で、人は、体験を通して学んでいきます。

ですので、思ったことがすぐに現実になる「小さな奇跡」を体験していきましょう。成功体験を何度か重ねると、自信になります。

例えば、「おいしいフルーツが食べたい」と思い、味わっている自分をイメージしたら、その日に、知人からの贈り物でぶどうが届いたというような体験です。

これは、比較的すぐに起きる奇跡なので、「ローレベル（地球レベル）の奇跡」です。

このようなことを実践することを繰り返すことで、喜びや感動の感覚を味わうと、魂意識の振動数が上がります。すると、松果体が活性化してポータルが開きやすくなるのです。

まずは、実現しやすいことを想定して、近くにあるパラレルの自分を選び、奇跡の成功体験をすることとです。

その次に、もう少し実現が難しいと感じられる「ミドルレベル（中間レベル）の奇跡」に取り組みます。さらには、周りも驚くような「ハイレベル（宇宙レベル）の奇跡」に挑戦するというように、実践を積み重ねていきましょう。

成功体験が積み重なっていくと自信になり、魂意識の振動数がますます高まっていきます。

前提となるのは、奇跡が起こる法則を知っていて、なおかつ、「自分はハイレベル（宇宙レベル）の奇跡を起こせる」という自覚があること。それがないままに、「ローレベル（地球レベル）」から試しても、うまくいきません。

人生に、「ローレベル（地球レベル）」、次いで「ミドルレベル（中間レベル）」の奇跡が起きると、価値観が変わり、生き方が変わります。

自分にはこんな力があるんだと、自分自身を認めることができ、それが、「ハイレベル（宇宙レベル）の奇跡」を引き寄せる原動力になるのです。

キーポイント⑤

叶うまではなりきり続けること

いつ奇跡が起きるかは、誰にもわかりません。そのため、もう少しで起きるところまで来ているのに、そこでやめてしまうことがあるのも事実です。

大抵の人は、自分の意識エネルギーが保てなくなるか、周囲からの「できるわけがない」といったネガティブな声を受けて、「やはり無理だ」と思ってしまいます。意識振動数が低い人ほど、そのような傾向があるので、結局、奇跡が起きないことになるのです。

あきらめたら、終わりです。だから、奇跡が起きるまでやり続けてください。もうこれ以上は無理かも知れないと思った頃に、現実がひっくり返るような奇跡が起きないとも限りません。実際、私はそのような人たちを何人も知っています。

この本を読んでいるあなたは、ほとんどの人が知らない「異次元 奇跡の法則」を知るわけですから、必ずゴールにたどり着けるはずです。

奇跡は起きたがっていますから、ぜひ、それを見届けましょう。

第5章

シャボン玉宇宙を乗り換える「奇跡の起こし方」

キーワード

ゼロポイント
・
自分宇宙
・
人間関係

すべての生命体は「自分宇宙」に生きている

第2章で、あなた自身の本質は、魂意識エネルギーだとお伝えしました。このことをさらに踏み込んで、宇宙との関係性について、ご説明します。

「ワンネス」という考え方が、一般的にあります。すべての生命は同じ宇宙の根源から生まれている、エネルギーの大元は一緒であるとされていますが、実は、それは宇宙の真理ではありません。

宇宙と人間の関係性とは、このようになります。

宇宙において、魂が誕生するところが、「ゼロポイント」です。そこは、魂意識のエネルギーが発生する地点で、ワンネスではなく、それぞれの生命体の数だけあります。自分だけのゼロポイントから生まれてきていて、固有の「意識振動数（魂意識）」を有しています。このことは、私ドクタードルフィンが初めて世に伝えたことです。

そして、人間は、感じている感情や目に見えている身体だけではなく、目に見えない「魂の意識」をも含めた存在です。この魂意識というのは、感情と身体よりもエネルギー振動数が高く、右回転で螺旋状に振動するエネルギーです。

人間以外の動物も昆虫も植物も石も、すべての地球の生命体は、「魂意識」が本質であり、右螺旋回転する意識エネルギーとして実在しています。

さらには、すべての魂存在は、それぞれひとつずつの宇宙を持ちます。私は、それを、「自分宇宙」と呼び、その状態を、シャボン玉の状態に見立てています。

宇宙という言葉には、無限で壮大なイメージがあり、それだと、広がりすぎて説明しづらいので、あえて、シャボン玉宇宙としてとらえています。

＊

●「自分宇宙」とは、一つのシャボン玉の中に、一つの魂存在だけが存在している状態を指します。

一つの魂存在に一つの「自分宇宙」のシャボン玉が、宇宙に存在する魂存在の数だけあるとイメージしてください。親であっても子どもであっても、各自が、それぞれの宇宙に生きています。

●人間だけでなく、動物も、虫も、植物も、石も、それぞれシャボン玉の状態の自分宇宙に生きていて、お互いに、コミュニケーションしています。

この状態は、お互いに、お互いのシャボン玉と接することを意味します。あなたが交流する人や存在は、お互いのシャボン玉宇宙が接したり、重なったりしている状態なのです。

＊

この状態は、次のようにも言えます。

＊

●あなたが生きる宇宙は、あなただけの「自分宇宙」です。そこには、あなた以外の魂存在は、何も存在していませんし、一切、あなたの人生に関与していません。

●他人や他の生き物や鉱石と共存しているように見えても、あなたの自分宇宙に、あなた以外の宇宙が交流しているだけです。

●「自分宇宙」とは、自分以外の魂存在は、微生物一匹たりとも存在しない「自分だけの宇宙」があるということです。

シャボン玉宇宙の重なり具合が意味する関係性

私が言う「シャボン玉自分宇宙」というものが、なんとなく理解できたでしょうか？

人間関係においては、シャボン玉の重なり方が、相手との関係を表すことになります。

夫婦、親、子どもといった、日常生活を共にしている家族の場合

お互いのシャボン玉の重なる部分が多くなります。自分宇宙を共有するため、気づきや学びが大きく、お互いの進化・成長に貢献していると言えます。

家族のように、物理的に時間と空間を共有していると、いかにも自分のシャボン玉の中に家族が入って来て、一緒にいるように錯覚してしまいます。でも、そうではありません。シャボン玉の重なる部分は多いものの、完全に重なりきらず、自分だけのシャボン玉空間は残っているのです。

友人、会社の同僚、学校の先生、近所の人などの場合

シャボン玉同士が、時々接しては離れるイメージです。その頻度や接し方は、コミュニケーションの親密さ、心の距離感、付き合った長さなどによって決まります。

シャボン玉が接するときは、お互いの意識が交流しているときなので、このようにも言えます。

●友人関係が長く続いていて、一緒に食事をしたり、メールやLINEでまめに連絡を取っている人とは、重なる部分が他の人より多くなります。（次ページ図A）

●年に1度連絡を取る程度だけれど、変わらない距離感で続いている友人は、シャボン玉宇宙が1年に1度だけ接する状態。（次ページ図B）

●連絡が取れなくなった人は、お互いに意識エネルギーが離れて、シャボン玉が離れたままの状態。（次ページ図C）

＊

このように、意識エネルギーは、相手を意識したらシャボン玉が接し、意識しなければ離れます。人と人、人と動物、人と植物、人と石が、それぞれの「自分宇宙」を生きていて、接したり離れたりを、繰り返しているのです。

＊詳しくは、『多次元パラレル自分宇宙』（徳間書店）にまとめています。

相手との関係性で変わる「シャボン玉宇宙」の重なり方

図A）まめに連絡を取り合っている関係性

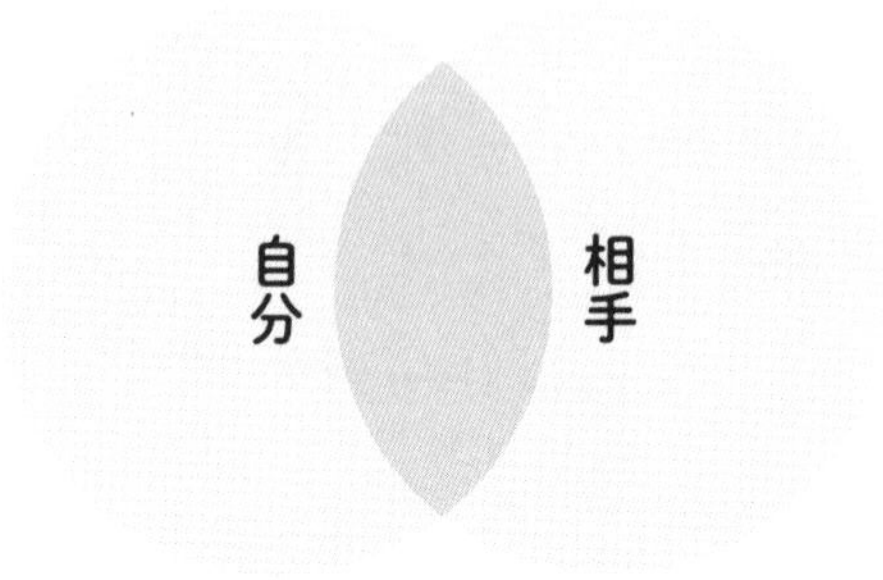

図B）たまに交流する変わらない距離間の関係性

図C）連絡を取らなくなった関係性

奇跡とは「より良い自分宇宙」へ乗り換えること

一人ひとりが、「自分宇宙」を生きている――。

この概念をベースに、シャボン玉のイメージを使いながら、奇跡が起こる仕組みをおさらいしていきましょう。

あなたの魂意識は、「自分宇宙を乗り換える」というステップを繰り返しながら、常に自分宇宙を向上させようとしています。進化・成長しようとするのが、魂意識の性質だからです。

進化・成長するために、いつも、瞬間瞬間、自分のシャボン玉宇宙を選んで、乗り換えているのです。

そのため、今この瞬間の自分宇宙と、1秒後の自分宇宙は、まったく別のものです。つまり、別々のシャボン玉なのです。

すでにご説明したように、人間の松果体のポータルは、多次元パラレルへの出入り口です。ポータルを開いて、シャボン玉宇宙を乗り換える（移行する）には、次のステップを踏みます。

1　松果体のポータルを開くために、魂意識の振動数を上げる。
2　開いたポータルから、「別のパラレルの自分宇宙のシャボン玉」を選ぶ。
3　選んだパラレルの「自分宇宙」へ移行する。
4　移行したパラレルの「自分宇宙」に一定期間、存在し続ける。
5　その「自分宇宙」に、一定期間存在することで、パラレル変換完了。

このようなステップを何度も踏み、「地球レベルの奇跡」を繰り返しながら、そして、ときに、「宇宙レベルの奇跡」を体験して、進化・成長していくわけです。

「パラレルのシャボン玉自分宇宙を選び続け、次々に乗り換えて、進化・成長する」というのが魂の目的であり、人間の存在理由です。

小さな奇跡を重ねると大きな奇跡へジャンプできる

もっと進化を速めたり、シャボン玉宇宙を効率良く乗り換えたい場合、外せないポイントがあります。

それは、「小さな奇跡を重ねること」です。

小さな奇跡を体験し続けることにより、レベルの高い自分宇宙へジャンプできるようになります。つまり、奇跡を体験することで、魂意識の振動数が大きく上がっていくのです。

魂の意識が奇跡を求める理由は、そこにあります。

あなたが望んでいる自分は、別のパラレル宇宙にすでに存在しています。

望む自分がいる「自分だけのシャボン玉宇宙」は無数に存在していて、すべてにポータルの扉があります。近くにあるシャボン玉にいる自分は想定しやすく、遠くなるほど想定しづらい自分ということです。

同時存在しているので、望む自分になるために、時間やお金をかける必要はなく、望む自分にアクセスすればいいだけです。

なりきっているうちに、望む自分になっている

アクセスして移行した後の鍵は、そのままなりきって過ごすこと。

それを、ずっとキープすることで、あるとき、突然、必然的に、パラレル変換が完了して、奇跡が起きます。

高レベルの奇跡が起きるためには、今この瞬間の魂意識に集中すること。そして、シャボン玉の中を、あなた固有の高い振動エネルギーで満タンにすること、そして、持続する

ことです。今に生きるとは、そういうことです。

あなたの自分宇宙のシャボン玉が、自分本来の高振動数で螺旋回転するエネルギーに満ちているとき、松果体が活性化し、ポータルが最も開きやすくなります。

同時に、自分が望む宇宙を選びやすくなり、そのパラレル宇宙に繋がりやすい状態になります。

ポータルが開くと、多次元パラレルにある望むシャボン玉と接触できるので、そのシャボン玉へと一瞬で乗り換えることができます。

そのためには、宇宙の高次元の時空間にいるのと同様の、高振動数意識エネルギー状態で、あなたの松果体のポータルを開くこと。そうすれば、望む自分宇宙へ自由に飛び乗ることができるのです。

ポータルの扉には、重い扉もあれば、軽い扉もあります。しかし、自分の意識エネルギーが高ければ、重い扉でも簡単に開けられます。

意識エネルギーの低い人は、軽い扉なら開けることができても、重い扉はなかなか開けられません。

ぜひ、あなたが望むシャボン玉宇宙の扉を開きましょう。そして、望むパラレル宇宙のシャボン玉とを行ったり来たりしましょう。そのうち、魂の意識エネルギーが上がり、望むパラレルのほうに移れるようになります。

簡単に奇跡が起きるのは、こういう仕組みなのです。

そうなるためにも、普段から、望む自分になりきってください。すると、いつのまにか、望む自分になっているでしょう。

第6章

「異次元 奇跡の法則」をマスターする

キーワード

愛と感謝
・
ミラクルDNA
・
楽で愉しい自分

この章では、パラレル宇宙への移行によって、奇跡が起きる仕組みについて、集約して説明します。

パラレル変換する鍵❶

問題のある自分を受け入れる

人生でうまくいかないことは、誰にでもあるものです。そのとき、どのように現実を受け止め、どのように乗り越えるかで、体験することがまったく違ってきます。

- **自分は望んでもいないのに、こんな人生になってしまった。**
- **こんなトラブルに巻き込まれてしまった。**

●こんな親の元に生まれてしまった。
●こんな身体に生まれてしまった。

このように、世間や親を恨んでいる人や、自分のことが嫌いな人には、奇跡は起きません。

奇跡が起きない典型的な意識状態は、自分の人生や身体を否定することです。

「こんな人生も、こんな身体も大嫌い」と思うことで、魂の意識エネルギーが下がり、奇跡から遠ざかってしまいます。

人生の問題であっても、身体の問題であっても、それを抱えてもがく体験をすることを、あなたの魂意識は地球に来るときに決めてきました。

すべての出来事は、一つの例外もなく、自分の魂意識が設定してきたことなのです。

それなのに、いつも、不満を抱え、「こんな自分は嫌だ」「問題を今すぐになくしたい」「問題さえなくなれば、幸せになれるに違いない」と、ほとんどの人が、今ここの自分を否定しています。

中には、非常に辛く苦しい思いをしている人もいることでしょう。

例えば、「家が貧しくて、まともな暮らしができない」「家族に恵まれず、十分な愛を受け取れない」「ビジネスがうまくいかない」「がんの末期になって死に直面している」などというように……。

でも、それらさえ、自分で選んだことであり、そうした問題には、すべて意味がありま す。というのも、自分の魂意識を進化・成長させるのに、「最適な状況」だからです。

そのような状況によって、考え方や生き方を変えるとともに、魂意識のエネルギーを上げるきっかけとなります。


奇跡を起こすためには、自分の人生や身体の問題を、〝穏やかに受け入れること〟が鍵です。

自分にとって不都合な問題に対しても、「持っていてもいいのだ」という思いで、うまく共存していくのです。

「この問題は、自分にとっての気づきや学びを生む最適な環境として、自分が設定している」と受け入れるのです。

もちろん、直面する問題が深刻であればあるほど、そのように受け入れるのは難しいことでしょう。現実に思いもよらない問題が生じたら、最初は拒絶反応をして、もがき苦しむのも当然です。

「自分だけが、なぜこんな目に……」と落ち込み、不安や恐怖、怒りや悲しみ、絶望や無力感など、あらゆる感情を味わうでしょう。

それでも、なんとか前を向こうと立ち上がり、自分で自分をなだめながら、少しずつ魂の意識を上げていけるようになっていくのです。

最初は、どんなに拒絶しようが、どこかで、その問題と共存することを選択し、抵抗するのをやめると、「自分が進化・成長するための気づきと学びであった」と、穏やかに受け入れられるようになります。

そのように意識が変わると、今までの物の見方が変わり、不足しているところではなく、「すでにあるもの」「与えられているもの」にフォーカスできるようになります。自分の周りに、必要なものは、すでに与えられていたと気づきます。

「今ここの自分は、完全・完璧で愛に包まれている」という視点を受け入れることで、自然に、愛と感謝が湧き上がるようになるのです。

パラレル変換する鍵❷

奇跡を起こす基本は「愛と感謝」の想い

自己肯定感が低い人は、「自分を愛せない」という人が多いのですが、奇跡を望むなら、それは、しっかりとクリアすべき課題です。

「愛と感謝」によって意識エネルギーが上昇することで、物の見方やとらえ方、考え方、生き方が変わり、奇跡が簡単に起きやすい状況になっていきます。

「人生の問題や身体の問題を抱えている自分が嫌だ」「自分はどうしようもないダメな人間だ」と思うなら、その嫌な自分、ダメな自分、さらに、それを起こしている問題に対して、「愛と感謝」を送ってください。

なぜなら、それは、自分の魂意識が好んで設定したものだからです。

「今のままの自分でいいのだ」「すべては、自分のためなのだ」と受け入れられるようになると、それまで不満に思っていた自分や家族、関わるすべての人に対して、そして、仕事や環境、世の中に対しても、「愛と感謝」を持てるようになります。

その心境に至ることが、最も大切なポイントです。不満ではなく、「愛と感謝」という方向に、自分の意識をシフトできるかどうかが、奇跡を引き起こす分かれ目になるのです。

大事なことなので、再度、お伝えします。

魂意識が地球に入ってくるときに、人生や身体の問題を設定したのは、そこから、気づきや学びを得て、自分の魂意識エネルギーを上げるためです。このことは、次にご紹介する「パラレル変換する鍵3」でも解説しています。

ですので、人生や身体の問題から、何に気づくか、何を学ぶか、ということに意識を向けるべきなのです。

例えば、人にだまされて破産した人は、自分の今ここを生きること、お金以外の幸せを知ること、理屈でなく感性を大事にすること、を受け入れるということ。

また、がんの末期という宣告を受けた人は、自分に愛を送ること、恐怖を手放すこと、を受け入れるということ。

今の自分の人生を変えたい、問題を抱えた身体を変えたいと思うことでしょう。

しかし、その問題に対して、不安や恐怖、怒りや不満を持たず、問題がある自分、ダメな自分を、「それでいいんだ」と、まずは受け入れるのです。

「愛と感謝」は、究極の意識状態です。「愛と感謝」を少しでも持てれば、必ず、魂の意識レベルは上がります。

つまり、あらゆることに対して、「愛と感謝」を持つことができると、奇跡が起きやすくなるということです。

「異次元 奇跡の法則」を理解して、「愛と感謝」の想いで生きてほしいと思います。

ある末期がんの人からは、「がんに『愛と感謝』の想いを送っていたら、いつの間にか小さくなって消えていました」と報告を受けたりします。

これが、奇跡が起きる仕組みなのです。

このように、自らが生まれる際に設定してきた課題を自覚し、それをクリアするときに、奇跡のチャンスが訪れます。

意識エネルギーが上がり、松果体のポータルが開いて、望む自分のシャボン玉宇宙に移行する絶好のタイミングです。

「ミラクルDNA」を起動させてシナリオを書き換える

奇跡を起こすために働く遺伝子があります。私は、それを、「ミラクル遺伝子」「ミラクルDNA」と呼んでいます。

ミラクルDNAを起動することで、宇宙レベルの奇跡を可能にしたり、高次元DNAに書き込まれた自分の人生や身体のシナリオを書き換えることができるのです。

奇跡が起きるパターンには、大きく2通りあります。

1　地球に生まれてくる前に、いつ、どこで、どのようにして奇跡を起こすか、魂意識があらかじめ設定しているパターン。

2　もともと設定していなかったけれど、生きている間に、「すごい奇跡を起こしたい」

と望み、自らの意志で高次元DNAのシナリオを書き換えるパターン。

生まれる前に設定した「1」の場合、例えば、13歳で、ミラクルDNAが起動して、パラレルシフトにより、急に勉強ができるようになる、急に、スポーツができるようになる、ということが起きます。つまり、タイミングがやって来れば、自然にミラクルDNAがオンになって、自然にパラレルシフトが起きるのです。

人によっては、そのミラクルDNAが起動するタイミングを、50歳に設定していたり、もっと遅い70歳に設定していることがありますが、それは自分ではわかりません。

しかし、ミラクルDNAの起動する年齢が晩年に予定していても、設定をリセットして、起動を早めることが可能です。

例えば、仕事もイマイチで後輩にもどんどん追い越されている、30歳の冴えないサラリーマンの男性がいます。彼は、50歳でミラクルDNAが起動し、ある仕事に成功して、急に人生が大転換していく、というシナリオを生まれる前に設定しています。

そのことを、本人は知らないため、50歳までは耐え忍ぶような人生を送ることになります。この場合、シナリオを書き換えて、ミラクルＤＮＡを30歳代でオンにさせてもいいのです。それが、設定をリセットする「２」のパターンです。

生まれる前の設定を自分でリセットする際、不可欠なポイントが２つあります。ここでも鍵になるのは、「パラレル変換する鍵２」でもお伝えした「愛と感謝」です。

あるがままの自分自身を受け入れ、「愛と感謝」を送ること

「いいことが起きなくて不満だらけだった自分、冴えなかった自分。しかし、これで良かったのだ、冴えない自分が必要だったのだ」と、自覚して受け入れるのです。

そして、自分にこう伝えてください。

「冴えない自分は、もう十分学びました。冴えない自分よ、ありがとう、そして、さようなら」と。

人は、「人生が不遇だ」、「ついてない」、「アンハッピー」というときは、つい、誰かのせい、何かのせい、社会のせいにしてしまいがちです。自分以外の何かのせいにしている限り、ミラクルDNAは起動しません。

ミラクルDNAは、宇宙の愛と調和のエネルギーと共鳴する遺伝子です。つまり、その人の魂が進化・成長する方向にしか働かないのです。

オフ状態のミラクルDNAをオンに切り替えるには、今の自分を、あるがままに受け入れてください。そして、「愛と感謝」を送ってください。

不遇でついていない自分、アンハッピーな自分、欠点だらけの自分、ダメな自分を受け入れて、「愛と感謝」のエネルギーで包むのです。

冴えない自分を受け入れ、魂がその学びを終えると、冴えない自分を卒業できます。すると、ミラクルDNAがオンになり、環境に変化が現れ始めるのです。

●自分と関わる人に、「愛と感謝」を向けること

これまで自分を応援してくれた家族、友人、会社の同僚など、関係の良好な人

たちに、「愛と感謝」を送りましょう。

さらに、自分に冷たくした人、いつも怒る嫌な上司、意地悪な同僚、険悪な関係の友人、喧嘩別れした元彼・元彼女、自分をだました人にも、「愛と感謝」を送ってください。

なぜなら、それさえも、自分の魂意識が、相手の魂の同意のもと、設定しているからです。

これを受け入れることは、簡単ではありません。でも、そうできるように、宇宙が必ず応援してくれます。難しい課題だからこそ、クリアできたときは、大きな成果がもたらされます。

自分以外の人たちに、「愛と感謝」を注ぎ続けると、彼らの態度に良き変化が起き、すべての関係性は、自分を進化・成長させるために必要な課題であったと気づき、腑に落ちることでしょう。

このように、「愛と感謝」で、自分と自分以外のすべてを包んでいくと、ミラクルDNAが起動します。
あるとき、いつの間にか、自然に、自分が望むパラレルに自動的に移行していた、というように、奇跡がやすやすと起きることになるのです。

パラレル変換する鍵❹

意識エネルギーを高めて望む未来を選ぶ

宇宙の高い次元に行くと、時間と空間はありません。しかし、地球は重力が強いため、時間の流れが、過去・現在・未来という一方向になり、空間の移動は制限されてしまいます。

そのため、「人類が体験する未来はひとつしかない」と、ほとんどの人は思っています。「戦争が起こる未来になる」「環境破壊が起こる未来になる」と常に心配し、不安と恐怖におののく集合意識を形成しています。

そうした人類の集合意識が持つ不安や恐怖、怒りやエゴが原因で、これまで戦争や自然災害が起きてきたわけです。

例えば、「環境破壊によって、地球が滅亡するかもしれない」という集合意識が未来予測を作り出し、その影響が強まると、自分のシャボン玉宇宙も、その集合意識の宇宙へ完全に吸い込まれてしまうのです。


「未来はひとつしかない」と信じていると、そうなってしまいます。意識エネルギーを下げてしまい、無限にある輝く未来のパラレルの可能性を閉ざしてしまうからです。

そのような低い集合意識エネルギーよりも高い意識エネルギーを持てば、集合意識を飛び出して、望むように、自分で未来を選べるのです。

未来は自由に選べる、というのが真実です。

ただし、未来を自由に選ぶためには条件があり、集合意識エネルギーよりも、自分の意識エネルギーが高いことが条件です。つまり、自己の意識振動数が集合意識のそれを超越することです。

◆意識エネルギー振動数が低い人だと

人類の集合意識としての大多数の選択に、巻き込まれてしまいます。すると、未来を自分で選べない状態になるので、未来はひとつしかないように感じるわけです。

◆意識エネルギー振動数が高い人だと

大多数の選択に巻き込まれることはなく、そこから脱出して、望むパラレルを選択します。複数ある未来の中から、自分の意志で自由に選べるのです。

例えば、AとBの2つの世界が同時に存在する未来があるとします。

＊

そして、人類全体の60％の人がAという未来へ行き、40％の人がBという未来へ行ったとします。

Aの未来へ行った人たちだけが、Aという未来を体験し、「ここに人類全員がいる」という感覚を持ちます。

Bの未来へ行った人たちも、「ここに人類全員がいる」という感覚を持ちます。

Aに行った人とBに行った人とでは、お互いに、もともと意識を向ける方向がまったく違っているので、Aの人たちと、Bの人たちとは、それぞれの宇宙において交流しなくなります。すなわち、宇宙が分かれた、ということです。

＊

この世界は、常にそのような仕組みで成り立っています。

ですので、いつもあなたと一緒にいる人は、いつも大体あなたと同じような選択をしている人と言えます。

そして、こうも言えます。たとえ、大多数の人がAという「不安と恐怖にまみれた世界」を選択しそうになっても、あなた自身は常に、Bという「夢と希望にあふれた世界」を選べばいいのです。

そのためには、ある集合意識の影響を受けている大多数の人たちの意識エネルギーよりも、飛び抜けて高い意識エネルギーになる必要があります。

意識エネルギーが特別に上がると、松果体が活性化してポータルが開き、誰もが行くことができない、あなただけが望むパラレル宇宙と繋がります。その意識状態になれば、みんなが選ぶ未来とは違う、自分が望む未来へと移行できるのです。

国やメディアや周りの誰かが、「こうなるべき」「こうなるであろう」と言っても、それを受け入れる必要はありません。

自分が望む未来を、シンプルに選べばいいだけです。選んでしまえば、「みんなが心配したことは起こらなかった」という世界に生きていけるのです。

人間は、毎瞬毎瞬、何かを選択しています。自らの魂意識エネルギーを十分に高め、集合意識の影響をまったく受けることなく、最高の未来を選んでください。あなたに奇跡が起きる様子を、周囲に見せてあげてください。

奇跡は毎日、当たり前に起きる――。

一人ひとりがそのような意識になることが、今の人類に一番必要なのです。

パラレル変換する鍵❺

「愛と感謝」で奇跡を定着させる

あなたは、「三次元の地球で、宇宙レベルの奇跡が起きるには、何らかのサポートが必要だ」と思ってきたのではないでしょうか。

財力のある人や人脈のある人、有識者、家族、友だち、行政などのサポートがあれば、どんなにいいかと思っていたかもしれません。

しかし、そのような人の助けが必要なものは、「地球レベルの奇跡」であって、大したことは起きません。

これからの時代は、「高次元の宇宙レベルの奇跡」が主流になっていきます。地球レベルのサポートではなく、宇宙レベルの目に見えないサポートが入るのが、当たり前になるのです。

何度もお伝えしてきたように、「自分自身の意識エネルギーを上げること」「松果体ポータルを開いて多次元パラレルに移行すること」で、驚くようなハイレベル（宇宙レベル）の奇跡が起きていきます。

＊

例えば、ある人が、たまたまビジネスで大成功して、大金を手に入れたとしましょう。その人が、「自分さえ良ければいい」という思いが強く、お金を循環させることもせず、

お世話になった人にも感謝せず、周囲に喜びと感動をもたらさなければ、その奇跡は、しぼんでいきます。

なぜなら、宇宙のサポートが途切れるからです。

その体験が、自分だけのメリットにとどまり、関わる人々にとっての喜びや感動、すべての人の進化・成長のために活かされなければ、それは、単発の奇跡で終わるのです。

＊

奇跡が起きると、それを持続させるか、新たな奇跡が生まれることを、誰もが望みます。

そこで、これからの時代に主流となる「宇宙レベルの奇跡」には、次のような法則があります。

● **奇跡が長続きする状態、さらなる奇跡を生み出し続ける状態になるには、自分が幸せになり、同時に周囲も幸せになるタイプの奇跡であることが、前提条件です。**

「愛と感謝」に裏打ちされた「宇宙レベルの奇跡」は、自分に起きた奇跡がすべての人を幸せにし、すべての人に恩恵を与えます。その状態で、「愛と感謝」のエネルギーが循環し、奇跡の状態が安定化するのです。

奇跡を持続させる、そして、さらに、それをパワーアップさせるには、宇宙レベルのサポートが不可欠です。それが、「愛と感謝」「愛と調和」という意識エネルギーです。愛・感謝・調和という高い振動数のエネルギーのもとにあれば、自分自身がハッピーでいられて、周囲をハッピーにすることになります。

奇跡が起きたら、つまり、望むパラレルのシャボン玉に移ったら、こんなふうに意識してみてください。

＊

自分は最高に幸せだ。そして、周りの人たちも幸せにしている。
家族はもちろん、友人、会社の人、地域の人、
日本中の人、世界中の人、みんなも幸せになるんだ。

まずは、「自分が奇跡を起こすと、社会の幸せに貢献できる」という観念を持ちましょう。それが、奇跡を続けるための秘訣なのです。

＊

パラレル変換する鍵❻

「究極的に楽で愉しい自分」を設定する

望む自分を実現するには、「楽で愉しい」という環境が理想的です。ですので、あなたにとっての「ぷあぷあ（楽で愉しい）状態」を、ぜひ、目指してください。

●「ぷあぷあ状態」は、努力と我慢がありません。

なぜなら、それが自分の魂意識が望んでいる方向であり、宇宙が応援している方向だからです。自分の魂が行きたがっている方向というのは、宇宙がサポートしてくれる方向なのです。

●「望む自分」を設定する際、「それは楽で愉しいだろうか？」と自分に問いかけてみてください。

ほとんどの地球人は、望む自分を設定するときに、「楽だけれど愉しくない自分」、あるいは「愉しいけれど楽ではない自分」をイメージします。

そうするのが、全体の99・9パーセントの人で、残りのわずか0・1パーセントの人が、「楽で愉しい自分」を思い浮かべます。

「この地球上で愉しいことをするためには、お金を稼がなければならない。だから、楽じゃない」

「楽をしていたいけど、贅沢できないから愉しくない」

これが、ほとんどの人の考え方であり、在り方なのです。

でも、もう時代が切り替わり、宇宙的なエネルギーが大量に降り注ぐようになり、現実化するまでのスピードがものすごく早まります。

ですので、自分に対し、次のように設定すればいいのです。

●「究極的に楽で愉しい自分」を実現させる

そういうパラレル宇宙のシャボン玉へと移行すれば、あなたは、楽で愉しい日々を送りながら、豊かで幸せな人生を味わうことになるでしょう。

「楽だけれど愉しくない自分」「愉しいけれど楽ではない自分」は、たとえ成功したとしても、それに完全に満足することはできません。何らかの不満が出てくるのです。

●あくまで、「楽で愉しい自分を追求する」

宇宙的な視点で見ると、楽で愉しい自分を実現させる方向へと、自らを進化・成長させるために、あなたはこの地球にやって来ました。そのような自分で設定した自分を体験することが、魂の望みを叶えることになります。

コロナパンデミックのおかげで、個人の生き方も、社会の在り方も、大きく変化しています。

リモートワークが増えて、働くスタイルが変わり、働く時間も減ってきています。都会を離れて、自然と共に生きる暮らしを選ぶ人も増えました。

「こうあるべき」「こうなるべき」という思い込みを、どんどんそぎ落とすことこそが、より楽により愉しく生きられるコツなのです。

すべては、意識次第です。自分が楽で愉しいことと、人が楽で愉しいことは、同じではありません。人と比べず、人に合わせず、あなたが心から、「楽で愉しい」と感じることを、追いかけてください。

人がやらないことでも、自分にとっては、ものすごく楽で愉しくて、人から見られたら恥ずかしいこと、バカにされることでも、やっていると夢中になれる。

そうなれることこそ、やるべきです！

初めは、変人扱いされるかもしれませんが、やり続けていると、評価されるようになり、多くの人にプラスの影響を与えるまでになっていきます。

何かをやるかやらないかを判断する際には、「これは楽で愉しいかな？」と自分に問いかけ、それを実行している様子をイメージしてみてください。

「楽で愉しい自分」を思い浮かべることができれば、それを早速、行動に移しましょう。

「楽で愉しい自分」でいられることが、究極的な「宇宙レベルの奇跡」を起こすことに繋がります。

魂が望む「楽で愉しい自分」を追い求めることで、宇宙がすべてをサポートしてくれます。

なぜそうなるのかと言うと、「宇宙の法則」が働くからです。

「宇宙の法則」として、すべての宇宙生命を進化させ続けさせるために、目には見えない宇宙の叡智の力が常に働いています。その力が、「楽で愉しい自分」、つまり進化する自分として生きることを決めたあなたを、いっそうサポートしてくれるのです。

この目に見えない宇宙のサポートエネルギーにさらに共鳴するよう、あなたの意識エネルギーを高めることを心がけましょう。そうすれば、すべてがうまくいくようになり、奇跡的なことが起きていきます。

第7章

奇跡を起こす人の特徴

キーワード

受け入れる
・
変わり者
・
魂意識の振動数

奇跡を起こす力があるという自覚から始まる

誰もが、ストレス過多の時代を生きています。世の中に、悩みや困難のない人はいないことでしょう。

経済的に苦しい立場にいる人、人間関係がうまくいかない人、家庭環境に悩みを抱えている人、将来に不安を抱えている人、病に苦しむ人……。

そんな全地球人に向かって、私は、声を大にして言いたいのです。

「あなたは、望む自分になる能力、奇跡を起こす能力を持っているのです」と。

これは、私が、患者やイベントの参加者に、伝えている言葉です。

これを聞いたとたん、皆さんの目に光が灯ります。それまであきらめていた人生が、再び輝きを取り戻すかもしれないと思うだけで、意識振動数が上がるのです。

これは、人間に与えられている、異次元の宇宙叡智の力です。〝パラレル宇宙には、すでに望みを実現している自分がいる〟ということを受け入れると、奇跡が起き始めるのです。

異次元の奇跡を起こす人の特徴＊あきらかな変わり者

親、学校、社会から教え込まれて、いかにも常識的な堅物人間ばかりで成り立っているのが、現代社会です。

「物事は、そんなに簡単にいくわけがない」「人生は思い通りにいかないのが当たり前」「贅沢をしてはいけない」「謙虚に生きなければいけない」「高望みをしてはダメ」などというように。

●世の中で、「いい人ね」「素晴らしい人ね」と言われて満足しているような人に、奇跡は絶対に起きません。

そのような人は、エネルギーの低い〝集合意識の評価〟に基づいて、自己肯定しているだけなのです。

みんなと同じ価値観の中で安心している人、誰かが無理だということは無理だと最初からあきらめている人、枠を飛び越えようとも思わない人に、幸せすぎて大興奮するような出来事が起こりようもないのです。

●宇宙レベルの奇跡が起きる人は、言ってみれば、人間離れしています。

奇跡が起きる人は、常に、「自分は無限である」と知っています。自分が中心の世界を生きています。これは、エゴということではなく、自分の軸を持っているということ。「他の人は関係ない、自分宇宙を生きるだけ」という感覚を大事にしています。「あの人、おかしい」「変人」と言われるほど突き抜けていて、誰からも相手にされないような人こそが、宇宙レベルの奇跡と、断然、距離が近いわけです。

誰が何を言おうと、常に「自分はこうである」と揺るがず、一貫した言動で我が道を行きます。それが、奇跡を味わう最短の近道なのです。

異次元の奇跡を起こす人の特徴＊集合意識を書き換えられる（超越できる）

同じことを実践しても、奇跡が起きやすい人とそうでない人がいます。

例えば、ある人が森の中に家を建てようと思ったとします。一人で木を切り、それを一人で運び、組み立てて、黙々と家を創り続けていきます。

本人は、それが楽で愉しいので、そうしていました。誰が何を言おうと関係なく、自分が好きなことに時間を費やしているので、それほど苦労を感じていませんでした。

その様子を見た周囲の人々は、「一人でできるわけがない。やめておけ！」「あいつはどうかしている」とバカにしていました。

ところが、だんだんと家ができあがってくる様子を見て、「本当にできちゃうんじゃないか?」「あいつすごいな」と人々の認識が変化していきます。誰か一人がそう言うと、次から次へと同じように、「やるじゃないか」と周囲の声が応援する方向に変わっていくのです。

その後も、同じように思う人がどんどん増えていき、ある臨界点を超えると、急激に伝播する、いわゆる「100匹目の猿現象」が起こります。

すなわち、周囲が応援一色に変わるのです。

「できるわけがない」から「できるに違いない」というふうに、集合意識が書き換わるのです。それは、同時に、集合意識を超越するということです。

応援するエネルギーに、周囲の集合意識が変わることで、本人の潜在意識にも、さらにポジティブな影響を与えていきます。

それにより、本人もどんどんやる気が出て、効率的にスピーディーに家ができあがるのです。つまり、家が理想的に出来上がるパラレルに移動するのです。

このように、他人の影響をまったく受けないくらいに、自分自身の魂意識のエネルギーが強力な人は、集合意識を書き換えてしまう（超越してしまう）力があります。

集合意識にサポートされると、または、集合意識の悪い影響を受けなくなると、松果体のポータルはいっそう開きやすくなり、望むパラレルに移行、存在し続けやすくなり、宇宙レベルの奇跡が起きやすくなります。

異次元の奇跡を起こす人の特徴＊意識エネルギーが高い

意識エネルギーが高い人は、ミドルレベルやハイレベルの奇跡が起きやすくなります。

逆に、意識エネルギーが低い人は、ローレベルの奇跡しか起きません。意識エネルギーの高さが、奇跡の度合いを決めるのです。

ケース1　ミドルレベルの奇跡

知人の助けによって倒産を免れ、命拾いをした人

ある会社経営者の男性が、銀行から借金をしていて、明日までに返済できなければ不渡りが出て倒産する、という状況に陥りました。

いろいろとできる限りの手を尽くしたものの、どこからもお金が工面できなかったので、会社を失うのを覚悟していました。「自殺しようかと思うほど、追い込まれていた」と言います。

ところが、翌日、必要な額のお金が口座に入っていたのです。どうやら、彼がかつてビジネスをサポートした知人が噂を聞きつけ、何も言わずにお金を振り込んでくれていたとのこと。これは、「ミドルレベルの奇跡」です。

倒産を免れ、命拾いをした男性は、この奇跡的な出来事をきっかけに、それまで以上に誠意を持ってビジネスに取り組むようになりました。その結果、事業が大きく成長したそうです。

ケース2　ハイレベルの奇跡

魂意識のエネルギーを上げたことで、がんが消えた人

末期がんで、すでに全身にがんが拡がってしまっていることを告げられた方がいました。がんになる前には、私の本を読み、イベントにも参加して、魂意識のエネルギーを上げるために、あらゆることを実践していたそうです。

通常は、がんが消えるとしても、ある程度の時間がかかってもおかしくありません。ところが、数日後に、MRIで検査をしたら、がんがすべて消えていたのです。短期間ですべて消えるなど、現代の医学ではあり得ません。これは、「ハイレベルの奇跡」です。

私が、多くの患者さんから見せてもらったのは、このようなハイレベルの奇跡の数々であり、彼らは、身をもって、「奇跡の法則」を実証してくれています。

異次元の奇跡を起こす人の特徴＊自分の状況のすべてを受け入れられる

意識レベルの高い人とは、今ここの自分をすべて「受け入れ」ていて、「簡単に奇跡は起こり得る」と知っている人です。

奇跡が起こると「信じる」人には、奇跡は起きません。その想いの根底には、疑いがあるからです。その疑いを手放して、ありのままの自分を受け入れられる人が、意識レベルの高い人です。

そのような人たちは、たとえ、人生や身体の問題に直面しても、それを、「自分を進化・成長させるのための設定」と受け止め、状況を前向きに受け入れて、現状を解決していきます。

悩みや問題を抱えていても、結果的に、心身を癒すための理想的な環境を創造するからです。

それとは反対に、人生や身体の問題に直面すると、誰かのせいにしたり、何かに依存する生き方を変えられない人もいます。その状態のままでは、意識エネルギーの振動数は、どんどん落ちていきます。

低い意識振動数の人は、自分にとっての有用な知識や情報、サポートに出会うことができません。

このような傾向は、以前よりも強まっていて、意識が上がり続ける人と、下がり続ける人や下がったままの人との差が大きくなっています。

つまり、人々の意識振動数の差が開き続けていることにより、社会が分離し始めているのです。

一人ひとりの持つ意識エネルギーが、現実を動かしていく時代に入っています。あなたが意識エネルギーの振動数を高め、その状態を維持できれば、松果体にある多次元パラレル宇宙へのポータルが開き続けます。

さらには、パラレル宇宙に存在し続けることができるのです。

異次元の奇跡を起こす人の特徴＊自分には奇跡が起きるとわかっている

私の診療を信頼し、家族や友人を連れて来院されたり、友人や知人を紹介していただけるのは、非常にありがたいことです。

とはいえ、診療の本質や私の能力を何も知らずに、単に来院される場合、残念ながら、期待したような奇跡は生まれません。

まったく何も起こらないわけではありませんが、高次元医療は、「共鳴」という現象が左右するので、本人が私の教えを完全に受け入れていない（共鳴していない）と、奇跡が起こりにくくなります。

親子や夫婦間でこじれていた関係が、私に会った直後に修復したり、困窮していた経済状況が急に良くなったり、先天性の病が治ったり、瞬時に症状が消えたり、瞬間に若返ったり、仕事が成功したり、人間関係が良くなったり、日常に幸せな出来事が増えたり――。

そのような様々な奇跡が起きるにあたり、私が、何かをしているわけではありません。すべては、その人自身の意識が起こしていて、私は、そうなるようにサポートしているだけです。


しかし、原則としては、私が関与しなくても、奇跡は起きるのです。言い方を変えれば、奇跡というものは、〝起きるとわかっている人に起きる〟ということです。

高次元の奇跡を体験するには、自分の意識エネルギーを上げて松果体のポータルを開き、「望む自分を、多次元パラレルから選び」「そこに移行し」「それになりきる」ことです。

第8章

「ハイレベルな奇跡」を体験した人たちの実例

キーワード

高次元エネルギー医学
・
宇宙レベルの奇跡
・
実際のケース

「高次元エネルギー医学」による奇跡体験

私は、自分の活動を通して、多くの人に学びの場を提供しています。たとえば、「ドクタードルフィン学園」や「ドクタードルフィン塾」などのスクール、セミナーや講演会、メルマガやYouTube動画、リトリートツアー、オンラインサロンなどです。

スクールには、医療関係者や企業経営者、音楽家や画家などのアーティスト、教育者やビジネスマン、技術者など、すでに一線で活躍されている意識の高い方々が集まってきています。彼らは、より一層、自分自身のエネルギーを高めて、人生のクオリティを上げようとしている人たちです。

それらの授業や講演会などで、私は、参加者の望みに応え、人生や身体の問題をその場で解消するためのデモンストレーションを行います。これは、パラレルシフト（変換）の体験を、その場で、奇跡として体験していただくものです。

私は、その人たちの松果体のポータルを開き、高次元DNAをリニューアルすることで、パラレルシフトを体験させます。そこでは、次のような変化が、起きます。

- 膝が痛くて杖なしで歩けない人が、一瞬で痛みが消えて普通に歩けるようになる。
- 曲がっていた下肢の骨が、目の前でまっすぐになる。
- つるんと光っていた男性の頭頂部が、瞬時に黒くなる。
- 目の前でシワが消え、肌のツヤが良くなり、顔が若返る。
- 目の前で、姿勢が良くなる。

このように、私には、一瞬で、高次元DNAを書き換える能力があるのです。

体験した本人にとっては、一般的な奇跡の概念を越えて、「宇宙レベルの奇跡を体験した」という感覚をもたれることと思います。

ここからは、私が行う「高次元エネルギー医学」の診療で起きた、印象的な症例をご紹介しましょう。

これらは、私の診療やイベントにて、パラレル変換を実現させた症例です。

私が関与はしていますが、意識エネルギーがさらに上がることで、ご自身のみで、奇跡を起こせるようになります。


注／これらの奇跡と思われる現象は、誰にでも起こるものではありません。あくまでも、準備ができた人に起きます。

小児は、脳による思い込みが少ないので、大人に比べて、奇跡は起きやすい、と言えます。

身体面での奇跡

治療法がない骨の先天的異常が半年で改善

母親が、2歳の娘を連れて来院しました。その子は、生まれつき右半身の骨に障害がありました。

右腕と右脚を診ると、もう片方の健側と比べて、見た目で2倍ほど、レントゲン写真では骨の太さが1.5倍あり、腕と脚が太く膨れ上がっている状態でした。

「いろいろな病院へ相談に行ったのですが、原因不明で治療法がないと言われ、女の子ですし……」と、将来を悲観した母親が、私に救いを求めてやって来たのです。

一回目の診療をした翌朝、「昨夜、本人がすごく痛がって泣きました」と、母親から連絡がありました。「それは良い反応が起こり始めた状態です」と、私は伝えました。

その後は、一週間おきに一カ月、2週間おきに数カ月月通ってもらい、診療を行っていくうちに、太かった骨と筋肉は、どんどん細くなっていきました。半年で、骨の太さはほぼ正常になり、見た目では、左右差がまったくわからなくなったのです。

母親は大変喜び、大いに感謝されました。

極度のO脚が数カ月で普通の状態に

生まれつき極度のO脚の女の子がいました。当時3歳だったこの子も、先ほどの2歳の子と同様、数カ月で普通の状態になりました。

このような症状の場合、整形外科で治療すると、通常は手術をして骨を切り、骨移植を何回も繰り返します。しかし、見た目に違和感は残ります。また、どうしても骨格に無理が生じるので、痛みや不快感が残りやすく、普通になることは困難です。

足腰の問題はほとんどが瞬時に解消

足をくじいて、足首を強度に腫らして来院する人もいます。彼らは、私がエネルギーを調整しただけで、目の前で瞬時に腫れと熱が引いて、普通に歩けるようになります。

膝が痛い、腰が痛いなど、杖をついて診療所に来た人も、嘘のように痛みが消えたり、落ちていた筋肉が瞬時に再生したり、「もう杖が必要ない」と笑顔で帰っていくことは少なくありません。

精神面での奇跡

精神障害として、子どものＡＤＨＡ（注意欠如・多動性障害）、自閉症、大人のうつ病などの人は、不安が消えて前向きに変わっていきます。

知的障害の男児のＩＱが67から98に

知的障害のある男の子のケースです。来院したとき、その子は小学校２年生で、ＩＱが67でした。

普通学級についていけない状況で、両親が、「なんとかしたい」と連れて来たのです。

私の診療を３カ月受けたところ、ＩＱが98に上がって、ほぼ正常になりました。

生きる気力のないうつ状態があっという間に元気に

うつ病のケースです。セミナー参加者の中に、「生きる気力がなくて死にたいです」と発言する女性がいました。

いかにも生命力が落ちていて、痩せこけて顔に生気がなく、実年齢よりもはるかに老けて見えました。

このようなケースでは、私がその人の松果体の高次元ＤＮＡを読むと、「人生と身体のシナリオは何か」「なぜうまくいっていないのか」がわかるので、具体的なアドバイスをして、高次元ＤＮＡを書き換えます。

それを施行した直後、別人のように頬がふっくらして、肌の色艶も良くなり、他の参加者もびっくりします。

すっかり笑顔を取り戻した女性は、見た目が8歳くらい若返っています。パラレルを移行すると、このような変化が現れます。

ビジネス面での奇跡

私は、地球でダントツの「スーパーリーダー」を誕生させるべく、高次元レベルのビジネスコンサルティング＆エネルギー書き換えも行っています。

企業経営者、医療従事者、アーティスト、ビジネスマンなど、彼らの仕事を通して自己実現させ、進化・成長のサポートをしています。

企業経営者や、サロンやショップを開いている人などは、私のアドバイスによって、ダイレクトに売り上げにプラスの影響が出るという奇跡を体験することが少なくありません。

とある企業の人たちは、大抜擢と言える出世をし、喜びの報告をしてくれました。そのケースをご紹介しましょう。

冴えない状態から、スピード出世して企業のトップに

リゾート地の別荘を管理する大手企業に勤めるその男性は、もともと、冴えない一社員でした。

私のイベントに数年前から通いだして以来、メキメキと能力を発揮して、仕事で成果を出し、とんとん拍子に出世していきました。

人間的にも磨かれて、なんと、現在、その男性は、企業トップの代表取締役社長になっています。私の教えを実践することで、誰もが驚く奇跡が起きたのです。

喜びと感動に満ちた人生を歩む、という、ご自身の魂の望み通りに生きています。

成績最下位から、周囲が驚く飛び級の出世を実現

ある企業のサラリーマンの男性は、私と出会った当初、同期の中で一番成績が悪く、冴えない人生を送っていました。

ところが、私の教えに取り組むことで、自分を受け入れ、愛せるようになり、ポジティブな生き方に変わっていったのです。その結果、3階級の飛び級の出世をして、周囲を驚かせました。今では、一番の出世頭だそうです。

離婚後の絶望状態から、第一線のライフコーチに

離婚を機に、生きる希望ややる気をなくしていた30歳代の男性がいました。彼は、いつも、自分の価値を低くおいていました。

ところが、私の「高次元ビジネス覚醒サロン」を受けてからというもの、生まれ変わったように、いろいろな勉強会に参加し、ライフコーチリーダーの資格をとって、今では、多くの人々を救う存在となりました。

そして、美しい女性とも結婚して、最高に充実した生活を送っています。

自信が生まれ、一流のビジネスコンサルタントに

40歳代のある男性は、それまで、いろいろなセミナーで、コンサルタントとしてのスキルを勉強してきました。しかし、どれもこれも、しっくりくるものがなく、実績も伸び悩んで、自分に全く自信を持てずにいました。

この方も、私の「高次元ビジネス覚醒サロン」にて生まれ変わり、自分の価値、そして、やるべきことを自覚しました。

その結果、ビジネスコンサルタントとして大きく出世し、ベストセラーの本の出版や、ラジオ出演をこなしています。

女性店長として、念願だったサロンの大盛況が実現

人々の心身を癒すことに自分の人生をかけていた、30歳代の女性がいました。

彼女は、リラクゼーションサロンの店長として、多くのクライアントの獲得と、お店の大きな飛躍を願っていました。

そんな中、私の「高次元ビジネス覚醒サロン」にて、自分が望むパラレル宇宙に移行しました。

今では、彼女自身の意識エネルギーは格段に上がり、サロンには、毎日、多くの意識の高い方たちがおしかけています。

美容面での奇跡

地球には、時間と空間という制限があり、物質次元において、身体的な変化には、時間と労力がかかるのが当たり前と思われています。ゼロ秒で変わるというマジックはあり得ないのが、今までの世界でした。

しかし、多次元パラレル宇宙には、すでに奇跡を起こした自分が同時に存在するので、ただそれを選べばいいだけなのです。

コンプレックスのバストが瞬時にサイズアップ

ある女性が、私のスクールで手を上げ、「バストを大きくしたい」と希望されました。なかなかきれいな方で、私から見たら、贅沢な望みだなと思いましたが、本人にとっては、一番の悩みだったようです。

私は、参加者の前で、その人のエネルギーをサポートして、パラレル変換させました。彼女に望む自分の姿を思い浮かべるように伝え、瞬間的に、超高次元エネルギーで彼女の意識振動数を上げたのです。彼女の松果体を活性化させ、ポータルを開き、移行させる。私がしたことは、それだけです。

すると彼女は、「胸のあたりで、エネルギーがボンボンとリアルに動いたのを感じました。……ウソ～、本当に大きくなった！」と驚きの声をあげたのです。

胸が盛り上がったのが、すぐそばで見ていた私にもわかりました。周りにいた生徒たちも大騒ぎで、会場全体が熱気に包まれました。

何が起きたのかというと、彼女の意識エネルギーが望むパラレル宇宙に移行し、奇跡を起こしたのです。

私のサポートで、彼女の魂意識の振動数が高まり、松果体のポータルが開き、「バストが大きくなった自分」が存在する多次元パラレル宇宙へ、一瞬で移行したのです。望んだ通りの自分自身とスイッチした、つまり「入れ替わった」とも言えます。

こうして、彼女の高次元DNAが書き換わりました。

バストがサイズアップした変化は、その場限りではなく、「それからずっとキープされている」と報告してくれました。これは、「ハイレベルの奇跡」と言えるケースです。

コラム

余命数週間の宣告から幸せな3年間を生きた末期がんの男性のケース

奇跡を望んではいても、「宇宙レベルの奇跡」のレベルまでは、本人が望んでいないこともあります。それであっても、素晴らしい奇跡を体験する方たちがいます。

＊

私のエネルギーを体感し、私の能力を100％受け入れている女性が、80歳過ぎの父親を連れてきたことがあります。

肺がんの末期で、咳と痛みを患い、「あと数週間しか生きられない」と診断されたとのこと。病院が勧める抗ガン剤や手術も不可能ということでした。

私の患者に起きた数々の奇跡を知っていたその女性は、「父親をなんとか楽にさせたい」と懇願してきたのです。

この男性の場合、私の本を何冊か読んでいたことと、診療を受けて奇跡を起こしたケースを娘さんから聞かされていたので、最初から私に対して信頼を寄せてくれていました。

診療所に来ただけで、「なんだか楽になった」と言うのです。それほど私のことを受け入れていて、一回の診療で、「呼吸ができて、普通にご飯が食べられるようになって、すごく幸せです」とおっしゃっていました。

結局、余命数週間と診断されたその男性は、3年ほどがんと共存する形で、目立った症状もなく穏やかに過ごされました。不安や恐怖、怒りや不満がないという、意識エネルギーの高い状態が、そのような奇跡を起こしたのです。

もちろん、完全にがんが消えるという「宇宙レベルの奇跡」が起きる可能性もありました。娘さんはそれを願っていたのですが、ご本人が、そこまで望んでいなかったのです。

第9章

奇跡を阻む「集合意識」と「身近なリスク」

キーワード

ウィルスや電磁波や放射能

・

闘わない

・

調和と共鳴

人類の集合意識が選択している絶望世界

これまでの世界で起きていることを冷静に見つめると、非常に多くの人が、「絶望」という心境にいることがわかります。

最近までは、好きなときに好きなところへ出かけられない、会いたいときに会いたい人に会えない、飲みたいときに気分良くお酒を飲めない、外食も楽しめないというように――。

行動の自由が制限され、気分が落ち込み、精神的に追い込まれると、意識エネルギーが低下していきます。「収入が減って生活できない」と、もがいている人もたくさんいます。

これは、絶望感が人類の集合意識の領域に蔓延している状況ですが、多くの人が、魂レベルで、「絶望を味わう」ことを選択している結果なのです。

「何を言っているんだ！　コロナのせいで、こんな目にあわされているんじゃないか」

「政府の指示に従ってきて、こうなった。自分から絶望感を望むわけがないだろう！」

そんなふうに、反射的に文句が出た人へ、あえて言います。

「すべてを集合意識に繰られて生きているから、そういう文句が出るのです」

人生は、常に、周りの環境に左右されるものであって、自分ではどうにもコントロールできない、と思っているとしたら、大間違いです。

そういう考え方は、子どもの頃に、親や先生や周囲の大人たちから刷り込まれた「地球の低レベルの観念」です。

その考え方にとらわれている限り、文句ばかりのつまらない人生を送ることになります。

私の伝える「異次元 奇跡の法則」を受け入れることも、それが叶った喜びを味わうこともないでしょう。

もし、あなたが、少しでも思いあたるなら、人生に驚きの喜びと感動をもたらすためにも、まずは、現状のすべてを穏やかに、「これでよいのだ」と受け入れ、この本に書いてあることを実践してみてください。

「無観客」での開催は集合意識が選択した結果

現在の地球人類の意識レベルは、3次元から4次元に上がる途中で、およそ3・6次元になります。

振動数が上がると次元も上がり、エネルギーが微細でフレキシブルになるので、自分の望みを実現しやすくなります。

しかし、4次元未満にいると、集合意識の影響を強く受けてしまうため、なかなか、望みが叶いません。個人の意識より、絶対的多数の集合意識の方が、圧倒的に影響力が強いからです。

ですので、宇宙レベルの奇跡を実現するには、自らの意識振動数を集合意識の振動数（3・6次元）よりもはるかに高くしなければなりません。

2021年に、オリンピック、パラリンピックが、「無観客」で開催されましたが、これは、コロナに不安と恐怖を持つ人々が圧倒的に多く、それらの人々が創る集合意識が、それを選択した結果です。

〟開催することで感染者が増えると状況が悪化する〟という認識を持つ人が大勢いると、集合意識が無観客というパラレル宇宙を選ぶので、必ずそうなります。まさにそのことが証明されました。

私自身が思い描きたかったのは、オリンピック、パラリンピックを満員の観客動員で開催するパラレルでした。

すべての会場は、選手と観客の熱気であふれ、大いに盛り上がることで、人々の意識振動数が一気に上がり、喜びと感動のエネルギーや愛と感謝のエネルギーが世界中へ広がって、たちまちコロナパンデミックを終息させる。そして世界が調和してひとつになる、と。

しかし、私だけがその世界にパラレル変換してしまうと、現在関わっている人たちと接点がなくなってしまいます。

それでは、〝人類と地球を次元上昇させる〟という自分の使命を果たすことができません。ですから、集合意識を受け入れるしかなかったのです。

あなたの意識振動数を下げる「集合意識」に要注意

例えば、奇跡が起こる仕組みを知った人が、「自分は１００メートルを９秒５で走る」

という、パラレル宇宙の自分の姿を想定したとしましょう。

イメージできるということは、そのパラレル宇宙にその自分が存在していることになるので、「そこへ移行した」と意識します。

そうやって、その人が意識振動数を高めて、望むパラレルに移行しようとしたものの、結果的に、現実面では何も変化が起きなかったとします。

その最大の原因は、個人意識の力よりも、そういうパラレル宇宙への移行は不可能だとする集合意識の力が、圧倒的に強いからです。

100メートルを9秒5で走ろうとするあなたに対し、家族、友人、会社の人、ネットで繋がっている人たち、世間の人たちが、「できるわけがない。無駄なことはやめろ」と、ネガティブな意見を放ちます。

その影響を受けて、その集合意識の中に入り込み、あなたの意識振動数が下がり、パラレル宇宙へのポータルを閉じてしまうのです。

このように、通常は、集合意識が個人の意識よりはるかに強力です。自分の意識が集合意識よりも低い振動数であれば、松果体のポータルが閉じてしまうことになるのです。

しかし、あなたの意識振動数が飛び抜けて高ければ、集合意識を超越して、それに影響を受けずに、「自分宇宙」を創り出すことができます。

その「自分宇宙」の中に集合意識を封じ込めることができるため、すなわち、集合意識を書き換えて、望んだ通りの「自分宇宙」を体験できるのです。

残念ながら、ほとんどの人は、集合意識が選択した宇宙に、「自分宇宙」が吸収されることを、潜在意識レベルで同意しています。それゆえ、集合意識が創ったパラレル宇宙に強制的に吸収され、その世界での現実を体験させられているのです。

私の場合、かなり高いレベルで、自由に、「自分宇宙」を選べますが、自分だけそこに行くという超越レベルのパラレル変換はしていません。ですので、こうして、あなたと同じ宇宙を生きています。これも、私が、自分の使命を全うするためです。

そして、超越レベルの「パラレル宇宙」を選択することは、個人的にはとても楽になりますが、今の地球での人間関係を、すべて、手放すことになってしまいます。

私には、大切な家族もいて、私を頼りにする患者やスクールやイベントに参加してくれる有志が大勢います。その人たちを見捨てて、自分だけでパラレル変換しても、意味がないのです。

なぜなら、〝人類と地球を次元上昇させる〟という使命を、放棄することになるからです。

コラム

困難な体験と進化の関係性を教えてくれるパラリンピアンたち

東京オリンピックにおいて、オリンピアンたちの活躍のおかげで、私たちは、たくさんの奇跡を目撃することができ、彼らは、地球のエネルギーを高めてくれました。

東京パラリンピックは、オリンピック以上に、大きな感動を与えてくれました。数々の奇跡を目撃できたことに、私自身の心と身体は歓喜し、興奮しました。

パラリンピアンたちは、そこに至るまで、普通の人が抱える悩みや困難など比べものにならないほど、もがく体験を続けてきたはずです。肢体不自由、視覚障がい、聴覚障がいなど、何らかの機能が失われた状況の中で、自分の限界に挑戦している姿は、胸を打つものがありました。

障がいがあることの苦悩は、同じ立場になってみなければ、到底わからないものです。

パラアスリートたちは、五体満足な人間にはかなわないほど、強靭なメンタルに鍛えあげられているのも感じました。

あらゆる想いを、彼らは、経験してきたに違いありません。

思い通りに動けない悔しさ、もどかしさ、未来に対する不安や恐怖、人から見られることの辛さ、自己嫌悪、怒り、自分を愛せなかったり、自分の存在意義が持てなかったり、と。

実は、それも、意識が進化・成長を目指す「自分宇宙」サイクルの中で、自分の魂が選択したことなのです。すべての人は、どんな人生を送るかを、生まれる前に、魂レベルで決めてきます。

その意味で、パラリンピアンの皆さんは、障がいを持つ身体に生まれることを選んだ、とても勇敢な魂を持つ人たちです。人生の途中で、スポーツと出会って取り組み、パラリンピックを目指すことも、生まれる前に設定しています。

彼らが、そのように設定するのは、生まれたのちに乗り越える課題が困難であればあるほど、意識エネルギーの引き上げ幅が大きいからです。つまり、進化・成長する度合いが大きいのです。

選手の皆さんは、大変な体験を乗り越えて、スポーツで自己表現する喜びを見出し、パラリンピックの大舞台で、最高のパフォーマンスを披露しました。「奇跡だ！」と誰もが思うようなことも、選手自身の意識エネルギーによるパラレル変換が引き起こしたのです。

Q&A

奇跡を阻む身近な社会問題についてQ&Aでお答えします！

Q

新型コロナワクチンをはじめとする、ワクチンについて、どう捉えればいいのでしょうか？

A

ウィルスやワクチンに対する考え方や行動で、意識振動数を下げないようにしましょう

現代医学と現代社会は、不安と恐怖を常に生み出しています。ひとことで言うと、不安と恐怖でワクチンを打つことは、魂意識の振動数を下げることになります。

しかし、ウィルスに対し、不安と恐怖ではなく、「自分たちを学ばせてくれている、進化させてくれている」という愛と感謝の念を持ち、ワクチンを打てば、魂意識の振動数を下げるのを防ぐことができます。

さらには、魂意識の振動数を上げることにより、新型コロナウィルスに感染するリスクも重症化するリスクも減らすことができます。

ところが、メディアでそのような情報は一切発信されず、「感染すると死に至るかもしれない」という恐怖のイメージを与える一方でした。

情報を信じた人々は、本当は存在しているのか、存在していないのかもわからないウィルスを、とてつもない化け物のように妄想し、恐れおののいて、ますます、自分の魂意識の振動数を低下させてきました。

ワクチン否定派の人たちも、立場が違うだけで、恐怖心で動いているのは同じです。

接種の副反応で、さまざまな不調が生じていることや、運悪く死に至る人もいると、インターネットでは多数発信されました。そのことも、魂意識の振動数を下げました。

ここで大事なのは、ワクチンを打っても打たなくても、「不安や恐怖」を手放し、すべてを、「愛と感謝」で、「大丈夫」「これでいいのだ」と受け入れることです。

そもそも、死への恐怖というのは、現代人に植え付けられた間違った認識です。「死にたくない」と思うから、ウィルスに対しても病気に対しても、ワクチンに対しても、必要以上に恐れることになるのです。

人間、誰にも寿命があり、死を迎えることは当たり前のこと。いずれ死ぬのが宿命であって、どんな人も逃れることはできません。

その時期が何十年も先なのか、それこそ明日、交通事故でぽっくり逝くのか、自分ではわからないだけです。

生まれることと死ぬことは、人間の営みの中で、最も自然なことです。にもかかわらず、生と死が医療の中に組み込まれたことで、身近に見る機会、知る機会がなくなって、余計な恐怖心を抱くようになってしまいました。

生命の仕組み、魂の仕組みを知り、実は、身体を離れても魂は永遠、と知ると、死は恐れるものではなく、むしろ、故郷へ帰るようなものだ、と安心できるのです。

ネガティブからポジティブへ、とらえ方が１８０度変わるはずです。

＊私の本『死と病気は芸術だ』（徳間書店）をご参照ください。

無知ゆえに必要以上に恐れ、恐れのために心が揺れ動き、何をしても安心感が得られないのが、多くの人々の現状だと思います。

日々、常に、不安と恐怖を抱え、身を守ることにエネルギーを消耗し、真の喜びも幸せも味わえないとしたら、なんのための人生でしょう？

あなたは、幸せのための喜びと感動を味わうために、愛と感謝の体験をするために、この地球に生まれてきました。置かれた環境で、さまざまな体験を通して気づき、学び、進化・成長していくことが、この人生での目的です。

宇宙の本質である愛を表現し、あらゆるものとの調和をはかり、どれだけ、この人類と地球に貢献できるかが、生きることの真の意味です。

そのように、意識振動数を高め、「ぷあぷあ」の状態になること。そうなるには、楽で愉しく生きることを目指し、「今ここ」を生きることです。

Q

奇跡を起こしたいとは思うのですが、ウィルスや電磁波や放射能など、警戒すべきものたちがこの世界にはたくさん存在していて、恐れを抱いてしまいがちです。それらに、どう向き合えばいいのでしょうか？

A

それらを愛と感謝で受け入れ、共存することです。

奇跡を起こすには、不安や恐怖を手放すことが必要です。そのために効果的な方法をご紹介しましょう。

◉そもそも、「病気と闘う」「人生と闘う」という考え方に洗脳されている人には、奇跡は起きません。

闘いや攻撃は、意識エネルギーを下げる行為だからです。大事なことは、奇跡は、「愛と感謝」のもとに起こると心得ることです。

◉「5Gの電磁波も放射能もウィルスも、愛と感謝で受け入れるならば、害ではなく、利益になる」

ととらえることです。

電磁波も放射能もウィルスも、人間の感情や身体に害を及ぼすものとされていますが、それらの本質は素粒子で、振動している意識エネルギーです。そして、人間の感情や身体も同じ素粒子であり、振動しています。

それらの意識振動数と人間の意識振動数とが、愛と感謝で共鳴すれば、反応が非常に穏やかで、細胞が損傷を受けることはありません。

ポイントは、「愛と感謝」。

電磁波、放射能、ウィルスを「愛と感謝」で受け入れると、共鳴して倍音が生まれます。音楽と同じで、美しいハーモニーが生まれます。しかも、倍音になると、彼らは人間の生命力を上げ、進化させてくれるのです。

おわりに

戦後、日本をはじめとする世界の人々は、物質的な豊かさを追い求めてきました。生活は豊かになり、食べたい物が食べられ、やりたいこともある程度できて、みんなと同じレベルの暮らしを送れるようになりました。それを、幸せと思い込んできました。

そして、それは、〝物質化社会の中の三次元の幸せ〟という定義で、本当の幸せではないと気づき始めました。

時代が変わり、心が重視されるようになってきて、自己啓発、精神世界、スピリチュアルというものが、アメリカを筆頭に、全世界でブームになっていきました。精神的な豊かさ、意識の高さが、高次元の幸福という認識に変化していったのです。

私がアメリカに住んでいた２０００年からの10年間は、スピリチュアルブームの最も盛んな頃で、本屋に行けば、スピリチュアル・コーナーにたくさんの本が並んでいました。

私も、その手の本を、英語でも日本語でも読み漁っていました。そして、量子力学に興味を持ち、いわゆる「目に見えないもの」を追求してきました。

そんな私が、改めて言います。

魂が本当に望むことをしない限り、意識エネルギーの振動数は上がりません。
奇跡を体験するパラレルの扉を開くため、意識振動数を上げるためには、まずは、自分で自分の魂の望みを受け止めてあげることから始まるのです。

過去のことや未来のことに囚われるのではなく、「今ここ」を大切にして、「愛と感謝」で生きることで、本当の「自分の望み（魂の望み）」がわかってきます。

奇跡が起きるには、「今ここ」の喜びと感動を味わい、楽で愉しい自分になって、魂の望み通りに生きることが大切なのです。

ネット社会になったこともあり、昔と比べて、人々は、冒険やチャレンジをしなくなっています。それは、どの世代の人にも言えます。保守的になって、安全域の中で生きるという選択をしています。

安全な範囲内にいると、確かに安心です。しかし、刺激がない中にずっととどまっていると、心の動きがなく、次第に悲しみや不満が出てきます。

理由もなく、怒りが湧いてきて、「誰かを攻撃したい」と思ったりする人もいます。

よく、SNSで、一人に複数の人たちから攻撃的なコメントが殺到する、いわゆる「ディスる」ことが起きるのは、悪口を書き込んで鬱憤を晴らさないと気が済まないからです。

それも、やはり、〝魂が喜んでいない〟という現れです。安全な中にいて、喜んだり、感動することがない日常を送っているからです。

そのような人は、心が幸せを感じて動くよう、自分の魂を喜ばせ、感動させ、ご機嫌にしてあげなければなりません。そのためには、自分の意識振動数を高めることを、人任せにしないことです。

おいしいものを食べる、飲む、好きな音楽を聴く、花を飾る、美しい景色を眺める、旅行をする、映画を観る、スポーツをする、絵を描く、歌う、踊る、趣味に没頭する、ぼーっとする、など、魂が喜ぶことをして、感動を味わえる瞬間を日常に増やしていきましょう。

キーワードは、「ぷあぷあ」（楽で愉しい）気分。

もし、あなたが、今ここで、心のときめきを感じられないのなら、必要なのは、自分の殻を破ることです。それによって生まれる喜びと感動を求めてください。

開いたポータルから、その先の世界へと繋がってみてください。そこでしか味わえない、楽で愉しい気分があります。

多次元パラレルに、あらゆる可能性を秘めたあなたがいて、キラキラと輝いています。そこにある「奇跡」を、ぜひ体験してほしいと願っています。

本書では、**異次元の奇跡が起きる法則について、さまざまな角度から、何度も繰り返し、**

詳しくお伝えしました。今まで以上に幸せを実感できる人生に、あなたの意志一つで変えられるのです。

この本をお読みいただいて、「喜びと感動に満ちた毎日を送っている、多次元パラレル宇宙の望む自分に乗り換えたい」と、あなたの胸にワクワク感があふれているなら、そして、あなたの魂にぷあぷあ感が芽生えそうであるなら、私としても、とても嬉しく思います。

私にしかできない「超次元・超時空間松果体覚醒医学（SD-PAM）」「超次元・超時空間DNAオペレーション医学（SD-DOM）」においては、私の高次元エネルギーを用いて、患者の魂意識エネルギーを驚異的に上げるサポートをしています。結果として、高次元DNAが書き替わり、人生と身体が一瞬で変わるのです。

そして、私の高次元イベントでは、参加者の魂意識エネルギーを超上昇させ、望むパラレル宇宙に移行するサポートをしています。

人間も動物も植物も微生物も鉱物も、あらゆる生命体にとって、自分の魂意識エネルギーを上げることが、唯一の存在理由です。

宇宙のあらゆる天体の中で、集合意識の振動数が低い地球は、特別な星です。

物事がなかなか思い通りにいかず、もがく体験をすることもあるでしょう。しかし、それにより、気づきや学びがたくさん得られ、意識エネルギーを一気に上げることができます。

進化・成長する望みを果たしたくて、私たちは、この地球を選んで生まれて来ました。


あなたの中に、まだ眠っている才能があります。

それを、目覚めさせてください。

あなたの人生に、限界はありません。

誰かが嘲笑しても、バカにしても、あなたの魂が望む無限大の奇跡を求めてください。

そして、それを実現させてください。

あなたが、来の自分を生きるとき、暗くなってしまった世の中に、必ず光をもたらすことができます。

そうです！

あなたに、奇跡は起きるのです。奇跡を起こすのに、遠慮はいりません。

家族が、友人が、社会がひっくり返るような奇跡が、あなたを待っています。


そうです！

〝ポータルを開いて〟〝パラレルに移行〟し、そして〝なりきる〟のです。

あなたは、いつの間にか自然に、あたかも当たり前のように、「奇跡の自分」を生きているでしょう。


おめでとうございます。

私ドクタードルフィンは、そのパラレル宇宙を生きるあなたに、いつか、どこかで出会えることを、とても楽しみにしています。

2023年3月　　　　ドクタードルフィン　松久 正

著者紹介

ドクタードルフィン **松久 正**（まつひさ ただし）

医師（慶応義塾大学医学部卒）、米国公認 Doctor of Chiropractic（米国 Palmer College of Chiropractic 卒）。日本整形外科学会認定整形外科専門医、日本医師会認定健康スポーツ医。鎌倉ドクタードルフィン診療所院長。超次元・超時空間松果体覚醒医学（SD-PAM）/超次元・超時空間DNAオペレーション医学（SD-DOM）の対面・遠隔診療を行う。医師として、超越した次元エネルギーを有し、診療に留まらず、人類と地球を次元上昇させるための活動を、積極的に展開している。
著書は多数（60冊以上、累計30万部）にわたる。代表的なものは、『松果体革命』（2018年度出版社 No.1ベストセラー）。現在、年間10冊以上のペースで、新刊本を世に出している。

公式サイト
https://drdolphin.jp/

異次元 奇跡の法則
宇宙レベルの奇跡を叶える方法

●

2023 年 3 月 21 日　初版発行
2023 年 5 月 31 日　第 2 刷発行

著者／松久 正

装幀・DTP／鈴木 学
編集／湯川真由美

発行者／今井博揮
発行所／株式会社 ナチュラルスピリット
〒101-0051 東京都千代田区神田神保町 3-2 高橋ビル 2 階
TEL 03-6450-5938　FAX 03-6450-5978
info@naturalspirit.co.jp
https://www.naturalspirit.co.jp/

印刷所／創栄図書印刷株式会社

ISBN978-4-86451-433-0 C0095

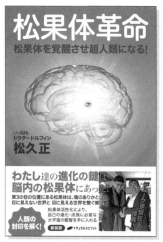

「ドクタードルフィン」シリーズ既刊書のご案内

電子書籍（Kindle版）

Dr. ドルフィンの 地球人革命

松久 正【著】

人間振動数を変化させて、
新地球人になる！

病気も人生も、自分でコントロールできる。
“医療”と“宗教”を必要としない人間になるカギは、
「神経の流れ」である人間振動数にあった。
新規予約、数年待ちという、新次元医療を実践する
スーパードクターが明かす
「神経の流れ」を良くする究極の方法と秘訣。
健康で幸福になれるという真実に地球人が気づいて
生まれ変わるための本。